总主编　卓永强

渔业船员培训系列教材

渔船辅机

（轮机长、管轮）

主　编　孙成琪　陈　波

主　审　魏　安

大连海事大学出版社

图书在版编目(CIP)数据

渔船辅机：轮机长、管轮 / 孙成琪，陈波主编. —大连：大连海事大学出版社，2018.3(2025.3 重印)
渔业船员培训系列教材 / 卓永强主编
ISBN 978-7-5632-3624-4

Ⅰ. ①渔… Ⅱ. ①孙… ②陈… Ⅲ. ①渔船—船舶辅机—技术培训—教材 Ⅳ. ①U674.4

中国版本图书馆 CIP 数据核字(2018)第 049796 号

大连海事大学出版社出版

地址：大连市黄浦路523号 邮编：116026 电话：0411-84729665(营销部) 84729480(总编室)
http://press.dlmu.edu.cn E-mail:dmupress@dlmu.edu.cn

大连金华光彩色印刷有限公司印装 大连海事大学出版社发行

2018 年 3 月第 1 版 2025 年 3 月第 4 次印刷
幅面尺寸：184 mm×260 mm 印张：5.5
字数：124 千 印数：5001~6000 册

出版人：刘明凯

责任编辑：沈荣欣 责任校对：杨 洋
封面设计：解瑶瑶 版式设计：张爱妮

ISBN 978-7-5632-3624-4 定价：16.00 元

总 序

中国大陆海岸线长达18 000多千米，岛屿海岸线长达14 000多千米，管辖海域约为300万平方千米，属于海洋大国。中国海域蕴藏着丰富的资源，特别是海洋渔业资源，中国近海和外海鱼类最大持续渔获量约为735万吨。2016年我国渔业人口约为2016.96万人，其中传统渔民678.46万人，渔业从业人员1414.85万人。高素质的渔业船员队伍是实现渔业安全生产和渔业经济持续健康发展的重要基础。为适应海洋渔业资源开发形势的发展，规范全国渔业船员教育培训工作，推动《中华人民共和国渔业船员管理办法》实施，广东海洋大学组织在渔业船员培训领域有着丰富教学和培训经验的专家编写了此套"渔业船员培训系列教材"，并组织教学和实践经验丰富的航海类专业的教授、船长和轮机长对教材进行了审定，以提高培训质量，提高渔业船员的综合素质。

"渔业船员培训系列教材"的出版是渔业船员培训工作的一件大事，满足了广大渔业船员备考之需，对提高教学、培训质量和我国渔业船员整体素质具有积极作用，同时也对《中华人民共和国渔业船员管理办法》的实施起到了很好的推动作用。

在本套教材出版之际，我衷心希望广大渔业船员刻苦学习，认真实践，不断提高自己的文化和业务素质，为渔业生产安全和防止水域污染、保护海洋环境做出更大贡献。

在此，谨向参加教材编写工作的同志及为此付出过辛勤劳动的同志们表示衷心的感谢！同时希望大家继续为建设海洋强国而努力！

中国海洋学会理事长

2018年3月

内容提要

本书共分5章:第一章为船用泵及阀件,介绍了船上各种类型的泵及各种阀件;第二章为船用空压机和通风机,介绍了船用空压机和通风机的结构及工作原理,以及设备的运行管理;第三章为船舶甲板机械,介绍了液压甲板机械的工作原理,舵机、锚机和绞缆机的液压系统;第四章为船舶制冷与空气调节装置,介绍了船舶蒸发式制冷的工作原理,以及船舶制冷装置和空气调节装置的系统和运行管理;第五章为船舶辅助锅炉及造水装置,介绍了船舶辅助锅炉的主要部件结构及运行管理,船舶海水淡化装置的工作原理、结构及运行管理。

本书为渔业船员适任考试培训教材,也可供渔业监督管理机构和渔业船员培训机构人员学习参考。

前　言

为提高渔业船员培训质量,根据农业部颁布的《中华人民共和国渔业船员管理办法》和《农业部办公厅关于印发渔业船员考试大纲的通知》的要求,广东海洋大学组织在渔业船员培训领域有着丰富教学和培训经验的专家编写了本套"渔业船员培训系列教材",并组织教学和实践经验丰富的航海类专业的教授、船长和轮机长对教材进行了审定。

在编写教材前,编者对渔业船员现状进行了调研。在准确把握渔业船员应具备的业务素质的前提下,本套教材的编写以应知应会的知识技能为基础,注重理论与实际相结合,强调船员对相关法律法规的学习与掌握。

本套教材作为渔业船员适任考试培训教材,能够满足渔业船员适任考试培训的需要,为船员的业务学习提供帮助,从而提高渔业船员整体素质。本套教材还可供渔业监督管理机构和渔业船员培训机构人员学习参考,以促进渔业监督管理水平和考前培训质量的提高。

本套教材分高级船员驾驶专业、高级船员轮机专业、基本知识及安全技能3部分,共10种。其中,高级船员驾驶专业包括《航海与气象》《渔船船艺与操纵》《渔船避碰与值班》《渔船船舶管理》4种教材,适合船长、船副适任考试培训使用;高级船员轮机专业包括《渔船动力装置》《渔船辅机》《渔船电气》《渔船轮机管理》4种教材,适合轮机长、管轮适任考试培训使用;基本知识及安全技能包括《小型渔船机驾》和《渔船基本安全》2种教材。本套教材由卓永强教授担任总主编,范少勇副教授、船长和余培文博士担任副总主编。

《渔船辅机》由广东海洋大学孙成琪、陈波主编,其中,第一章、第三章和第四章由孙成琪编写,第二章和第五章由陈波编写。全书由孙成琪统稿。

本书由广州航海学院魏安教授主审。

本书的编写得到了渔政管理部门领导和专家的关心和指导,得到了相关管理部门和渔业公司的大力支持和帮助,在此一并表示衷心感谢!

由于编者水平有限,书中难免存在错误和疏漏,希望广大读者和专家批评指正。

编　者

2017年9月

目 录

第一章　船用泵及阀件

第一节　船用泵概述

在船上经常需要输送水、油和其他液体,这些输送任务都是通过一种称为泵的设备来完成的。

一、泵的功用

液体不可能自发地从压力低处流入压力高处。机械能量较低的液体不可能自发地到达机械能量较高的位置,况且液体在管路中流动还要克服管路阻力而损失一部分能量。只有通过给液体提供足够的机械能才能达到输送液体的目的,从这种意义上讲,泵是用来提高液体机械能的一种设备。液体机械能有位能、动能和压力能三种形式,它们之间可以相互转换。

例如,锅炉给水需要显著提高液体的压力能;将压载水驳出舷外,需要提高液体的位能。这些液体的输送都需要用泵来完成。图 1-1 所示为船用泵。

图 1-1　船用泵

二、泵的分类

1. 按用途分

(1)船舶通用泵:是为船舶营运及船上人员生活需要而设置的,机动船舶都必须装备的泵,主要有压载水泵、舱底水泵、消防水泵、卫生水泵和淡水泵等。

(2)船舶动力装置用泵:是为船舶动力装置的工作需要而设置的。柴油机船舶主要有燃油驳运泵、燃油输送泵、主机缸套和活塞冷却泵、海水循环泵、润滑油泵、润滑油驳运泵、柴油发电机的冷却水泵和海水泵等。

(3)船舶辅助机械用泵:主要是为船舶辅助机械提供服务的。

(4)船舶专用泵:用来满足特殊船舶的需要,如油船上的货油泵、挖泥船上的吸泥泵、破冰船上的压载泵、深水打捞船上的打捞泵、消防船上的消防泵以及油船上的货油泵等。

2. 按工作原理分

(1)容积式泵:靠工作部件的运动造成工作容积周期性地增大和缩小而吸排液体,并靠工作部件的挤压把机械能传给液体,达到输送液体的目的。容积式泵可根据吸排液体部件的运动特点分为往复泵和回转泵。根据运动部件结构的不同,容积式泵分为活塞泵、柱塞泵、齿轮泵、螺杆泵、叶片泵和水环泵。

(2)叶轮式泵:主要是通过工作叶片带动液体高速转动,使液体的能量增加,然后再将动能转换为压力能,从而完成吸排作用。根据泵的叶轮和流道结构特点的不同,叶轮式泵可分为离心泵、轴流泵、混流泵和旋涡泵。

(3)喷射泵:通过喷射工作流体所产生的高速射流,吸引周围流体,进行动量交换,把动能传给输送的流体,然后再将动能转换为压力能,从而达到输送流体的目的。根据喷射工作流体介质的不同,喷射泵可分为水射水泵、水射真空泵、蒸汽喷射泵和空气喷射泵等。

三、泵的性能参数

1. 转速

转速是指泵轴每分钟的回转数,用 n 表示,单位是 r/min。大多数泵系由原动机直接传动,二者转速相同。但电动往复泵一般需经过减速,故其泵轴(曲轴)的转速比原动机要低。

2. 功率和效率

泵的功率有输出功率和输入功率。输出功率又称为有效功率,指泵单位时间内实际传给液体的能量,用 P_e 表示。泵的输入功率也称轴功率,是指泵轴所接收的功率,用 P 表示。由于泵在实际工作中总存在各种能量损失,所以泵的有效功率总小于轴功率,可用效率 η 来衡量。输出功率和输入功率之比称为泵的效率,即 $\eta = P_e/P$。效率表示泵性能的好坏以及动力的利用程度,效率越高说明泵的工作越经济。

3. 流量

流量是指泵在单位时间内所输送液体的量,可用容积或质量来度量,分别称为容积流量 Q (m^3/s)或质量流量 G(kg/s)。

4. 扬程(压头)

扬程是指单位重量液体通过泵后所增加的机械能,常用 H 表示,单位是 m。单位重量液体的机械能又称水头,因此,泵的扬程即泵使液体所增加的水头。如扬程全部用来提高液体位能,而假设不存在管路阻力损失,则扬程即泵使液体所能上升的高度。

5. 允许吸上真空度

泵工作时所允许的最大吸入真空度,用 H_s 表示,单位是 MPa。泵工作时,当吸入口处的真空度高到一定程度，由于液体在泵内的最低压力降到其饱和蒸汽压力，液体就可能在泵内汽化，使泵不能正常工作。

允许吸上真空度是泵吸入性能好坏的重要标志。它主要和泵的类型与结构有关，泵内压降小的泵允许吸上真空度就大。大气压力降低、液体温度增高或泵流量增大，也都会使允许吸上真空度减小。泵铭牌上的 H_s 是由制造厂在标准大气压（760 mmHg）下以常温（20 ℃）清水在额定工况下进行试验而得出的。水泵的允许吸上真空度常用水柱高度（m）来表示，称为允许吸上真空高度，用[H_s]表示。

四、船舶主要泵型工作原理简介

1. 往复泵

往复泵属于容积式泵，它是利用活塞或柱塞在泵缸中做往复运动，从而引起工作腔室的容积变化来产生吸排作用，因此，又称之为活塞泵或柱塞泵。往复泵结构和工作原理如图 1-2 所示。

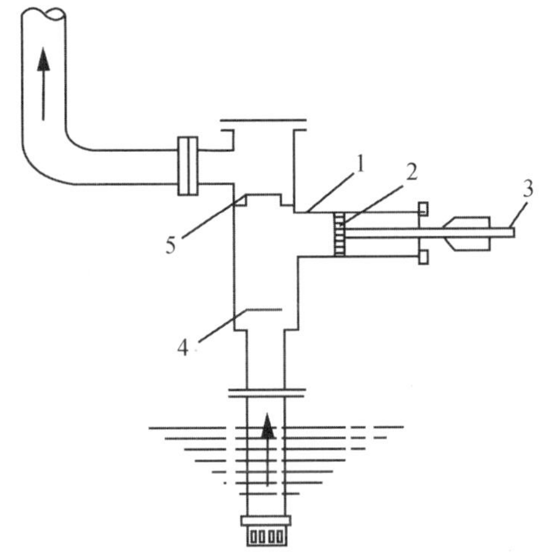

图 1-2　往复泵结构和工作原理

1—泵缸；2—活塞；3—活塞杆；4—吸入阀；5—排出阀

工作原理：当活塞右移时，排出阀关闭，吸入阀开启，开始吸液；当活塞移至右端点时，吸液行程结束；当活塞由右端点向左移动时，吸入阀关闭，排出阀开启，开始排液；当活塞移至左端点时，排液行程结束。

在上述的往复泵中，活塞在一个往复行程中只吸排一次，这种泵因为只有一个工作空间，吸入和排出过程是交替进行的，我们把这样的往复泵称为单作用泵，它的排出过程是断续进行的，其流量极不均匀。为了提高往复泵的流量并使其流量更均匀，往往采用多作用泵。如图 1-3 所示，在一个泵缸中有两个工作空间，每个空间都有自己的吸入阀和排出阀，这样，活塞在一个往复行程中各完成两次吸、排，我们称它为双作用往复泵。当转速、泵缸尺寸相同时，双作用往复泵的流量比单作用往复泵大约增加 1 倍，输液也比较均匀。另外还有三作用往复泵和双缸四作用往复泵等。

往复泵的特点：

(1)有自吸能力;

(2)可以产生很高的压头;

(3)理论流量与压头无关;

(4)输送液体不均匀;

(5)转速不能太高;

(6)当输送的液体含有固体杂质时,泵阀容易摩擦和垫起,所以,在吸入口常设滤器;

(7)结构比较复杂,易损件多。

由于具有以上特点,在流量相同时往复泵比其他泵笨重,造价较高,管理和维护工作比较烦琐,所以在许多场合已经被离心泵所取代。但在工作中容易吸入气体或在需要有比较好的自吸能力的场所,常常采用往复泵,如舱底水泵、锅炉给水泵和油船扫舱泵。

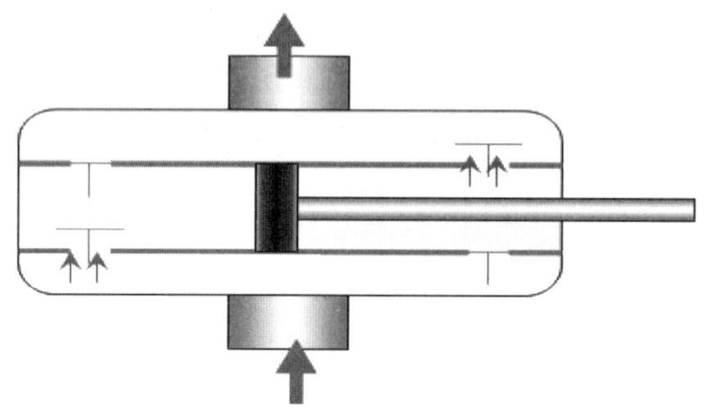

图 1-3 双作用泵示意图

2. 离心泵

离心泵属于叶轮式泵,它用以产生吸排液体的主要部件是具有叶瓣的叶轮,当叶轮由原动机带动回转时,充满在叶轮中的液体被带动做高速旋转而获得离心力,从进口流向出口,因而称为离心泵。

离心泵的主要工作部件是叶轮和泵壳。叶轮亦称工作轮,通常是由 5~7 个弧形叶片和前后圆形盖板所构成。叶轮用键和螺母固定在泵轴的一端,为了防止高速旋转时叶轮松动,螺母采用反扣螺纹,轴的另一端则通过填料箱伸出泵壳之外,由原动机驱动顺时针方向回转。泵壳呈螺线形,亦称螺壳或蜗壳,螺壳借两法兰分别与吸入管和排出管相接,如图 1-4 所示。

工作原理:泵工作时,预先充满在泵中的液体,在叶片推压下被迫随叶轮一起回转,产生一定的离心力,把液体从叶轮进口向叶轮外周甩出。与此同时,在叶轮中心形成一定的真空,因此,液体在吸入液面上的大气压力作用下,就会不断地经吸入管、泵的吸入口进入叶轮。从叶轮流出的液体,压力和速度都比进入叶轮时增加了很多。螺壳将它们汇聚并平稳地导向扩压管。扩压管流道截面逐渐增大,从而使液体流速降低,大部分动能转变为压力能,然后进入排出管。叶轮不停地等速回转,液体的吸排也就连续均匀地进行。显然,液体通过泵所增加的能量是原动机经叶轮对液体做功的结果。

由于空气的密度很小,在标准状况下约为淡水的 1/800,因此,当叶轮回转时,空气所产生的离心力很小,在泵的吸入口处也就只能产生不大的真空,泵中仍然存有空气,并且此空气的压力和液面上的大气压力相差不大,所以液体不能流入泵中,泵也就无法供液,所以说离心泵没有自吸能力。为此,当离心泵吸入口的位置高于液面时,必须先向泵中灌满水,进行引水。

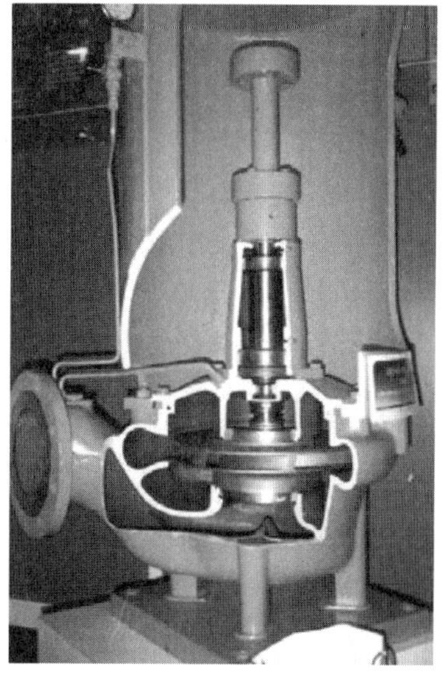

图 1-4　离心泵结构

离心泵特点：

(1)供液均匀，工作平稳，而且流量容易调节；

(2)重量轻而外形尺寸小；

(3)能与高速原动机直接相连而无须减速；

(4)对杂质不敏感，易损件少，能输送多种液体(包括泥浆等)；

(5)结构简单紧凑，工作可靠，易于管理和维修。

离心泵在船上的数量和使用范围都超过了其他类型泵。但它所存在的主要缺点是没有自吸能力，因此离心泵适宜布置在吸入液面以下。否则，起动前必须引水，或采用具有自吸装置的离心泵。在船上，离心泵应用较多，如循环水泵、冷却水泵、凝水泵、给水泵、饮用水泵、卫生水泵、压载水泵、舱底水泵、消防水泵和货油泵等。

3. 喷射泵

喷射泵靠高压工作流体经喷嘴后产生的高速射流来引射被吸流体，与之进行动量交换，以使被引射流体的能量增加，从而实现吸排作用。常用的工作流体有水、水蒸气、空气。被引射流体则可以是气体、液体或有流动性的固、液混合物。

工作原理：以水为工作流体和为引射流体的水射水泵。水射水泵主要由喷嘴、吸入室、混合室和扩压室等几部分组成，如图 1-5 所示。工作流体自喷嘴喷出，由于射流质点的横向紊动和扩散作用，与周围的介质进行动量交换并将其带走，使吸入室形成低压，从而将被引射流体吸入。混合室又称喉管，常做成圆柱形。中、低扬程泵也可将混合室做成圆锥形与圆柱形相组合，以减少混合时的能量损失。

喷射泵特点：

(1)效率较低。

(2)结构简单，体积小，价格低廉。

(3)没有运动部件，工作可靠，噪声很小，使用寿命长。只有当喷嘴因口径长期使用而过

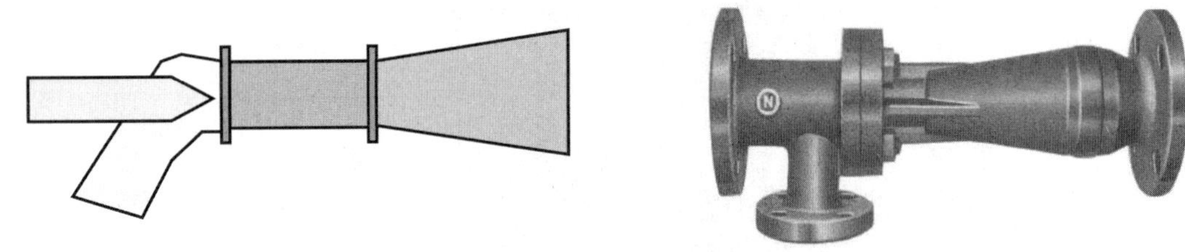

图 1-5　喷射泵及其结构

分磨损，导致性能降低时，才需更换备件。

(4)吸入性能好。不仅有很高的自吸能力，而且抽送液体时的允许吸上真空度很高。

(5)可输送含固体杂质的污浊液体，即使被水浸没也能工作。

由于以上特点，水喷射泵在船上被用作应急舱底水泵或工作时间较短的货舱疏水泵。

五、船舶用泵检修一般流程

本流程适用于船舶离心泵、往复泵、齿轮泵、螺杆泵、旋涡泵、水环式真空泵等船用泵的检修。

1. 准备

在有条件的情况下，应进行拆前勘验工作，其内容如下：

(1)测量、记录泵起动电流及工作电流、电压值。

(2)测量、记录泵在出水阀全闭、半开和全开三种状态下出口端压力值和吸口真空度。

(3)检查泵工作是否平稳，有无噪声和振动。

(4)测量、记录泵轴承处温度。

(5)检查联轴器对中状况以及轴封处、泵体结合面等处渗漏情况。

2. 拆解

在机控室处切断电源，挂上警示牌，由专业电工将泵用马达线拆开，并做好保护电线工作。如为蒸汽动力泵，应关闭蒸汽阀并挂警示牌。确认并关闭泵的进出口阀。如条件允许，泵应整台吊运进车间进行修理，进车间的泵须做好标志。拆下泵后留在现场的空间应做好相应的防护工作(拉红白旗或加盖)，防止他人掉入。泵的吊运注意事项参照作业指导书《吊运作业和安全操作规程》。吊运过程中拆除的花钢板及栏杆须及时恢复。在拆泵以及换新泵底座时，如需动火施工，必须先将动火相关位置做清油工作。特别是换新底座，须注意泵底座下部是否为油舱。如果是油舱，应安排清油、通风、测爆，审批妥动火单。油类泵拆卸时，严禁动火施工，需手工拆除。在拆卸时须做好防污染工作，并且须确认周围无其他部门与人员的动火作业。吊运油泵时闷好进出口，防止污染环境。

3. 拆后勘验及修补

在拆修泵过程中，注意保留泵原部件，所拆下的零件应摆放整齐，做好记录，并挂上标志牌。泵拆解后工作人员应将检查的情况及时通报。检查并记录各零件的气蚀、腐蚀及磨损情况。检查、测量泵轴，做好记录。检查和测量并记录离心泵叶轮阻水环间隙；往复泵活塞和缸套间隙；齿轮泵齿隙和齿顶与泵体间隙和端面间隙；螺杆泵螺杆与泵壳的径向间隙；旋涡泵的端面间隙;水环式真空泵的端面间隙及叶轮与泵壳的径向间隙。检查并记录各轴承间隙。

根据测量和勘验记录换新或修配不符合要求的零件。修理可以采用焊补、黏结、镶套等工艺方法进行。在装配时应根据要求配对各种间隙,新制零件应符合要求,新装配完工的泵转动应轻松自如,不得有任何卡阻现象。泵装配结束后应进行泵压检查试验,当压力为工作压力的1.5倍时,10分钟不得渗漏(对泵壳修补而言)。

4. 装配及复检验

装配完工后还必须对泵的轴向窜动及径向间隙进行复测量,对泵的联轴器与泵的支架座平面跳动量和司必克同轴度复测,看是否符合规定的要求。如不符合要求,必须经机加工或修理至符合要求,同时对泵的机械密封进行密封试验(将泵充满液体,转动泵轴,看机械密封处有无液体滴漏)。凡上镗床镗孔的泵壳体,同时检查支架座的平面跳动量和司必克的同轴度,如不符合要求,必须加工至符合要求后再下车。

装配结束后应进行检查和运行试验,试验前应检查各仪表是否准确,泵及管系中是否充满介质,有无漏水、漏油现象。确定泵是否能保证系统要求。检查联轴器对中状况,转动有无卡阻;起动前先点动一下,观察运转方向是否正确;检查电动机起动时的起动电流及工作时的工作电流和工作电压;检查泵在出口阀全闭、半开和全开三种状态下出口端压力值及真空度,并检查运行是否平稳、有无振动现象;随时检查轴承温度,工作1小时后测量轴承温度升高值,轴封处有无漏液现象等。在泵调试完成后,关闭泵进、出口阀,并关闭电源或动力气源阀,撤去操作警示牌。

第二节　船用阀门概述

阀门是流体输送系统中的控制部件,具有截断、调节、导流、防止逆流、稳压、分流或溢流泄压等功能。用于流体控制系统的阀门,从最简单的截止阀到极为复杂的自控系统中所用的各种阀门,其品种和规格相当繁多。阀门可用于控制空气、水、蒸汽、各种腐蚀性介质、泥浆、油品、液态金属和放射性介质等各种类型流体的流动。船舶上的阀门多用于控制压缩空气、冷却水、液压油等流体。

一、阀门的分类

阀门的种类很多,且有多种分类方法,按用途和作用一般分为:

(1)截断阀类:主要用于截断或接通介质流,包括闸阀、截止阀、隔膜阀、旋塞阀。

(2)调节阀类:主要用于调节介质的流量、压力等,包括调节阀、节流阀、减压阀等。

(3)止回阀类:用于阻止介质倒流,包括各种结构的止回阀。

(4)分流阀类:用于分配、分离或混合介质,包括各种结构的分配阀和疏水阀等。

(5)安全阀类:用于超压安全保护,包括各种类型的安全阀。

二、船舶常用阀门介绍

1. 闸阀

闸阀是指启闭体(阀瓣)由阀杆带动阀座密封面做升降运动的阀门,可接通或截断流体的通道。当阀门部分开启时,在闸板背面产生涡流,易引起闸板的侵蚀和振动,也易损坏阀座密封面,修理困难。闸阀通常适用于不需要经常启闭,而且保持闸板全开或全闭的工况,不适用于调节或节流,如图1-6所示。

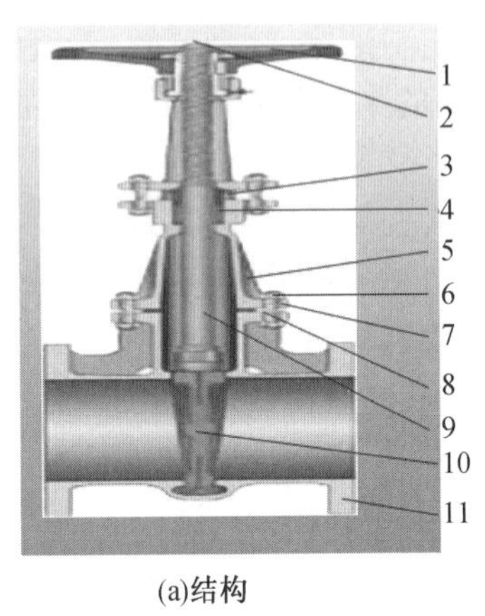

(a)结构

(b)外形

图1-6　常见闸阀结构及外形

1—手轮;2—阀杆螺母;3—填料压盖;4—填料;5—阀盖;6—双关螺栓;7—螺母;8—垫片;9—阀杆;10—闸板;11—阀体

2. 截止阀和节流阀

截止阀和节流阀都是向下闭合式阀门,启闭件(阀瓣)由阀杆带动,沿阀座轴线做升降运动来启闭阀门。截止阀的阀杆轴线与阀座密封面垂直,通过带动阀芯的上下升降进行开断。一旦处于开启状态,它的阀座和阀瓣密封面之间就不再有接触,并具有非常可靠的切断动作,因而它的密封面机械磨损较小,由于大部分截止阀的阀座和阀瓣比较容易修理或更换密封元件,无须把整个阀门从管线上拆下来,这对于阀门和管线焊接成一体的场合是很适用的。

节流阀与截止阀的结构基本相同,只是阀瓣的形状不同:截止阀的阀瓣为盘形,节流阀的阀瓣多为圆锥流线型,特别适用于节流,可以改变通道的截面积,用以调节介质的流量与压力。介质通过此类阀门时的流动方向发生了变化,因此阀门的流动阻力较高。此外,引入的流体从阀芯下部引入称为正装,从阀芯上部引入称为反装。正装时阀门开启省力,关闭费力;反装时,阀门关闭省力,开启费力。此类阀门一般正装,如图1-7所示。

3. 止回阀

止回阀是指依靠介质本身流动而自动开、闭阀瓣,用来防止介质倒流的阀门。它的作用是只允许介质向一个方向流动,而且阻止反向流动。通常这种阀门是自动工作的,在向一个方向流动的流体压力作用下,阀瓣打开;流体反方向流动时,由流体压力和阀瓣的自重作用于阀座,从而切断流动。止回阀分旋启式止回阀和升降式止回阀,如图1-8所示。

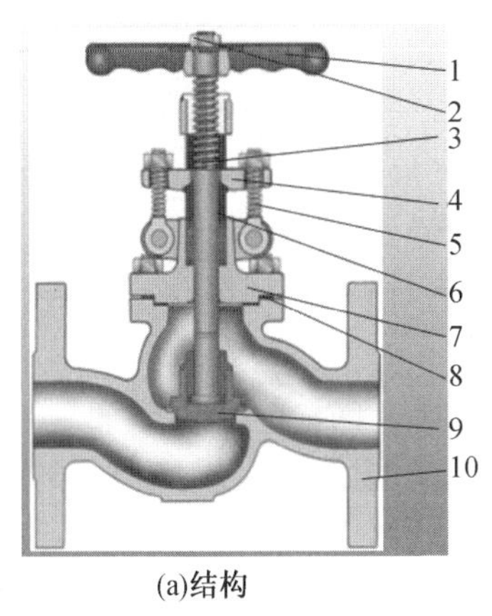

(a)结构

(b)外形

图 1-7　常见截止阀结构及外形

1—手轮;2—阀杆螺母;3—阀杆;4—填料压盖;5—T 形螺栓;6—填料;7—阀盖;8—垫片;9—阀瓣;10—阀体

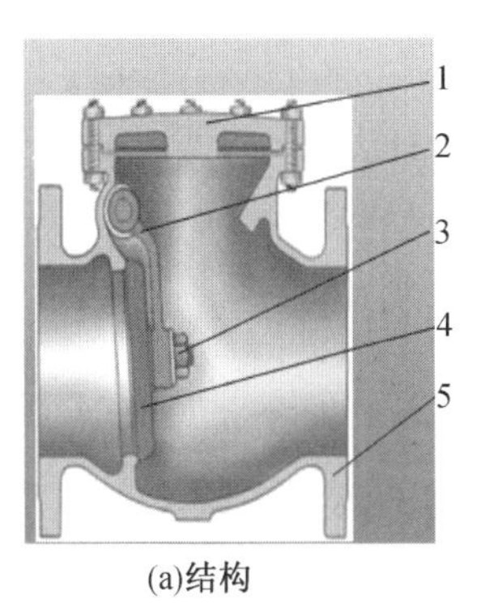

(a)结构

(b)外形

图 1-8　常见止回阀结构及外形

1—阀盖;2—摇杆;3—螺栓;4—阀瓣;5—阀体

4. 安全阀

安全阀是自动阀门,它不借助任何外力,利用介质本身的压力来排出一定量的流体,以防止系统内压力超过预定的安全值。当压力恢复到安全值后,阀门再自行关闭以阻止介质继续流出。安全阀的作用原理是基于力平衡,一旦阀瓣所受压力大于弹簧设定压力,阀瓣就会被此压力推开,其压力容器内的气(液)体会被排出,以降低该压力容器内的压力,如图 1-9 所示。

选用安全阀时要求灵敏度高、具有规定的排放压力,在使用过程中应保证足够的强度、密封及安全可靠,动作性能的允许偏差和极限值在许可范围内。

三、阀门执行装置

阀门执行装置一般可分为气动执行装置和电动执行装置。

1. 气动执行装置

阀门气动执行装置安全、可靠、成本低,使用维修方便,是阀门驱动机构中的一大分支。气动装置在具有防爆要求的场合应用较多。阀门气动驱动装置采用气源的工作压力较低,结构

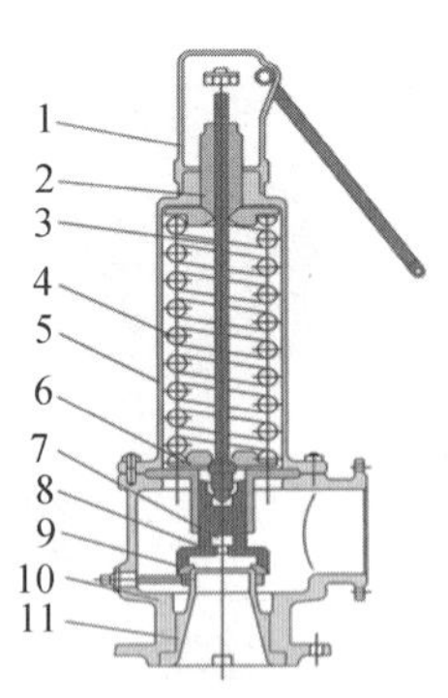

图 1-9　常见安全阀结构及外形

1—保护罩;2—调整螺杆;3—阀杆;4—弹簧;5—阀盖;6—导向套;7—阀瓣;8—反冲盘;9—调节环;10—阀体;11—阀座

尺寸不大,阀门气动驱动装置的总推力也不大。

2. 电动执行装置

电动执行装置一般由电机、减速箱、手操机构、机械位置指示机构等一些部件组成。与其他阀门执行装置相比,电动驱动装置具有动力源广泛、操作迅速、使用方便等特点,容易满足各种控制要求,所以,在阀门执行装置中电动装置占主导地位,如图 1-10 所示。

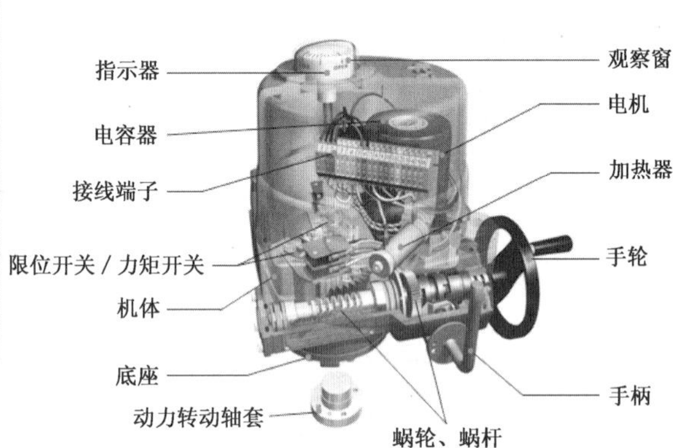

图 1-10　一般阀门电动执行机构构造

阀门在船舶上的用途广泛,往往起到的作用也很大。例如,在液压系统中阀门能够控制系统的运转;在机舱各类管路系统中,阀门同样也对维护运行设备的正常运转起着重要作用。尽管如此,同其他产品比较,阀门往往被人们忽视。在安装机器设备时,人们往往把重点放在主要机器设备方面而忽略阀门的安装,或者出现选用错误型号、规格的阀门等情况。这些做法都会使整个生产效率降低或停产,或造成其他种种事故发生。

四、船舶阀门操作方法及注意事项

1. 手动阀门的开闭

手动阀门是使用最广泛的阀门,它的手轮或手柄是按照普通的人力来设计的,考虑了密封面的强度和必要的关闭力。习惯使用扳手的人应严格注意，不要用力过大过猛，否则容易损坏密封面，或扳断手轮、手柄。启闭阀门，用力应该平稳，不可冲击。某些冲击启闭的高压阀门各部件已经考虑了这种冲击力，与一般阀门不能等同。

对于蒸汽阀门，开启前，应预先加热，排除凝结水；开启时，应尽量徐缓，以免发生水击现象。当阀门全开后，应将手轮倒转少许，以免松动损伤。对于明杆阀门，要记住全开和全闭时的阀杆位置，避免全开时撞击上止点，并便于检查全闭时是否正常。假如阀瓣脱落，或阀芯密封之间嵌入较大杂物，全闭时的阀杆位置就要变化。

初用管路时，内部脏物较多，可将阀门微启，利用介质的高速流动，将其冲走，然后轻轻关闭（不能快闭、猛闭，以防残留杂质夹伤密封面），再次开启，如此重复多次，冲净脏物，再投入正常工作。常开阀门，密封面上可能粘有脏物，关闭时也要用上述方法将其冲刷干净，然后正式关严。如手轮、手柄损坏或丢失，应立即配齐，不可用活络扳手代替，以免损坏阀杆四方，启闭不灵，以致在生产中发生事故。某些介质在阀门关闭后冷却，使阀件收缩，操作人员就应于适当时间再关闭一次，让密封面不留细缝；否则，介质从细缝高速流过，很容易冲蚀密封面。

2. 一般注意事项

200 ℃以上的高温阀门，由于安装时处于常温，而正常使用后，温度升高，螺栓受热膨胀，间隙加大，所以必须再次拧紧，叫作“热紧”。操作人员要注意这一工作，否则容易发生泄漏。

天气寒冷时，水阀长期闭停，应将阀后积水排除。蒸汽阀停蒸汽后，也要排除凝结水。阀底如有丝堵，可将它打开排水。非金属阀门，有的硬脆，有的强度较低，操作时，启闭力不能太大，尤其不能使猛劲。还要注意避免物件磕碰。

使用新阀门时，填料不要压得太紧，以不漏为度，以免阀杆受压太大，加快磨损，而又启闭费劲。操作时，发现操作过于费劲，若是填料太紧，可适当放松；若是阀杆歪斜，应通知人员修理。有的阀门，在关闭状态时，关闭件受热膨胀，造成开启困难；如果必须在此时开启，可将阀盖螺纹拧松半圈至一圈，消除阀杆应力，然后扳动手轮。

本章思考题

1. 泵主要分为哪几类？请说出它们是如何传递能量的。
2. 船用泵的主要性能参数有哪些？
3. 船用泵拆解时应该注意哪些问题？
4. 船用阀门主要分为哪几类？操作阀门时应注意哪些事项？

第二章　船用空压机和通风机

第一节　活塞式空压机

一、压缩空气的特点和用途

经机械压缩后,压力高于大气压力的空气,称为压缩空气。

1. 压缩空气的特点

(1)压缩空气具有非常大的压缩比和膨胀比,储存压缩空气的容器必须设置安全阀,保证安全。

(2)空气压缩过程中温度升高,空气压缩机械需要冷却。

(3)压缩空气易泄漏,压缩空气系统必须密封性好。

(4)压缩空气常温高压不液化。

2. 压缩空气在船舶上的用途

(1)用于船舶主机起动(压缩空气起动),其压力为2.5~3.0 MPa。

(2)用于船舶主机操纵与换向,其压力为1.0 MPa左右。

(3)用于鸣放汽笛、吹洗机件和海底阀等,其压力为0.4 MPa左右。

二、船用压缩空气系统的组成

压缩空气系统的组成如图2-1所示。

中小型柴油机船舶上,通常配备1~2台排压为3 MPa的电动空压机,某些中小型船舶上采用轴带空压机。有些小型船舶采用柴油机某缸停止喷油的方法产生压缩空气。

船用压缩空气系统一般由空压机、空气冷却器、气液分离器、空气瓶、安全阀、自动控制设备、空气减压阀和释载阀(手动或自动)等组成。其主要部件的功用见表2-1。

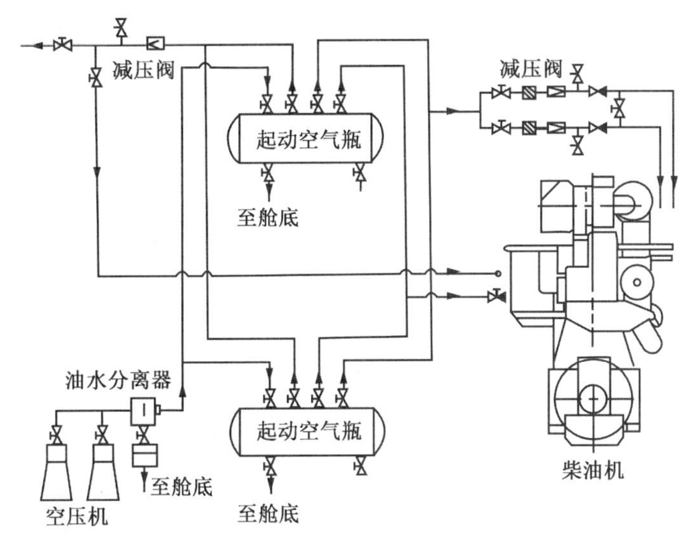

图 2-1　压缩空气系统组成

表 2-1　船用压缩空气系统主要部件的功用

序号	部件	功 用
1	空压机	将空气压力提高,产生压缩空气
2	空气冷却器	降低空压机排气温度,从而降低空压机温度,便于气液分离和提高空气瓶的储气量
3	气液分离器	提高压缩空气的品质和提高储气量,并可实现空压机的释载
4	空气瓶	储存压缩空气,保证用气设备随时充足供气
5	安全阀	使空压机排气压力和空气瓶的压力不超过规定的最高压力
6	自动控制设备	自动控制空压机的起停或向空气瓶供气,从而保证空气瓶内的压力在规定压力范围内
7	空气减压阀	降低压缩空气压力,以满足低压用气设备需要
8	释载阀	减轻空压机的起动负荷和调节空压机的排气量

三、活塞式空压机的结构和工作原理

活塞式空压机的基本结构如图 2-2 所示。它由气缸盖、气缸体、气缸套、曲轴箱、活塞连杆组件、曲轴、带轮、进气阀与排气阀等组成。

曲轴由原动机(电动机或柴油机)带动旋转,当活塞从最上端向下运动时,气缸内压力降低,进气阀开启,排气阀关闭,吸入空气;当活塞从最下端向上运动时,压缩气缸内空气,气缸内压力升高,进气阀关闭,压力达到一定值时排气阀开启,排出空气。活塞式空压机工作循环包括吸气、压缩和排气三个过程。

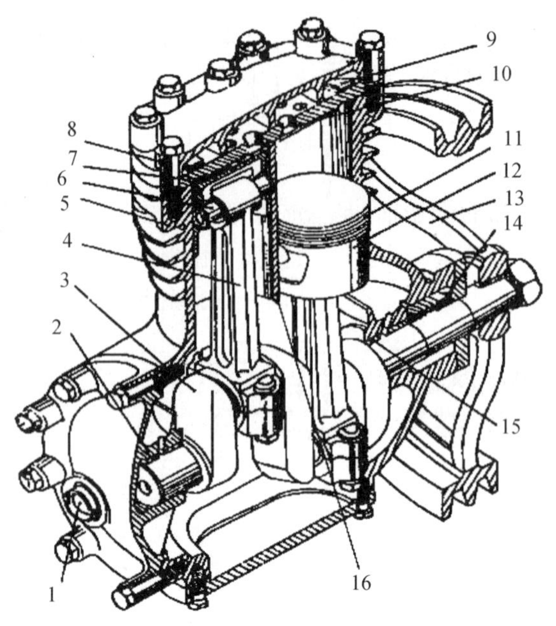

图 2-2　活塞式空压机基本结构

1—视油镜；2—曲轴箱；3—曲轴；4—连杆；5—气缸体；6—活塞销；7—阀瓣；8—气缸盖；9—排气阀；10—进气阀；11—活塞环；12—活塞；13—带轮；14—轴封；15—轴承；16—气缸

四、活塞式空压机的日常使用与管理

1. 活塞式空压机的起动

(1)检查曲轴箱的油位是否在油尺两刻线之间，若采用滴油润滑，油杯的油位不应低于高度的 1/3，并将滴油速度调至每分钟 4~6 滴。

(2)检查冷却水供应情况，开启冷却水管上的截止阀供水，开启放水阀放水。

(3)检查气密情况。

(4)检查电气系统是否正常。

(5)检查空压机排气管路上各截止阀是否开启。开启手动释载阀或气液分离器上的泄放阀，以减轻空压机的起动负荷。每隔 2 h 打开泄放阀和放残阀（空气瓶瓶头上）排放油污水。

(6)检查空压机连接是否紧固，检查外观是否处于适宜起动状态，消除一切可能妨碍机器运转的杂物。

(7)将曲轴旋转 1~2 转，检查运动部件是否灵活，有无卡阻现象。

(8)点动空压机，注意停车时转向是否与机体上的标志一致，以防油勺润滑的空压机连杆大端得不到润滑。

(9)接通电源，起动空压机，待达到额定转速后，关闭手动释载阀或气液分离器上的泄放阀。

2. 活塞式空压机的运行

(1)观察各压力表读数是否正常。包括排出压力（随背压增大而升高）、中间压力（压缩比分配是否均匀）和滑油压力（压力润滑）。注意观察高、低压缸的压缩比分配是否均匀，工作压力有无超过规定值。滑油油压应保持在 98～294 kPa。

(2)检查各级排气温度和曲轴箱润滑油温。冷却水进出口温差一般不大于 10～15 ℃，如起动时忘记开冷却水阀，必须立即停机以防炸缸。各级排气温度不大于 200 ℃；进空气瓶空气温度不大于进水温度 30 ℃（水冷）或不大于环境温度 40 ℃（风冷）；曲轴箱内滑油温度不大于 70 ℃。

(3)滑油量尽量适中。对于油勺润滑的空压机，当活塞处于下止点时，油勺应浸入油中 20～30 mm，离箱底 2～3 mm；对于滴油杯式润滑的空压机，其油位不低于 1/3。曲轴箱的油位应严格控制在油标尺两刻线之间，每班至少检查两次曲轴箱油位。

(4)查看压力表读数，分析是否过载。

(5)每隔 2 h 左右打开气液分离器的泄放阀，排除积聚其中的油和水。放出来的水应是水面上看到油渍，而沾在手上捻起来又无油腻感。

(6)每班至少检查一次电动机的连接情况、地脚螺栓的紧固情况，并注意有无异常响声，若有，应立即停车检查。

3. 活塞式空压机的停车

(1)开启气液分离器上的泄放阀排污。

(2)关闭电动机开关，切断电源。

(3)关闭冷却水截止阀和滴油杯的油量调节阀。

五、活塞式空压机的常见故障及处理

活塞式空压机的常见故障、原因及处理见表 2-2。

表 2-2　活塞式空压机的常见故障、原因及处理

故障	可能原因	处理
排气量降低	空滤器部分被污垢堵塞	吹扫或清洗空滤器
	气阀故障	检修气阀
	气缸和活塞故障	检修气缸和活塞
	冷却器脏污或积水垢	清洗冷却器
排气压力偏高	安全阀失灵	检修安全阀
	中间冷却器冷却效果差	检修中间冷却器
排气压力偏低	气阀漏气	检修气阀
排气温度过高	排气阀漏气	检修气阀
	气缸或中间冷却不良	加强气缸或中间冷却，检修中间冷却器
气缸与气缸盖发热	冷却水不足	适当加大冷却水流量
	冷却水管路堵塞	检查、疏通冷却水管路
突然冲击	气缸中积聚水分，产生“水击”	检查积水原因并排除故障
	阀片折断或进气阀紧固螺母松脱	检修气阀
气阀有敲击声	气阀定位螺钉未到位，气阀受到气流的冲击而上下跳动	拧紧气阀定位螺钉
	阀片折断	更换阀片
	弹簧松软或失去弹性	更换弹簧

第二节　通风机

一、通风机的功用

通风机(简称风机)是一种输送气体的机械,其工作压力通常不超过 14.7 kPa。在船舶上通常用于舱室通风、锅炉送风和空调装置送风。

二、通风机的分类

通风机的分类见表 2-3。

表 2-3　通风机的分类

分类方式	种 类	特点或用途
工作原理	离心式通风机	风量为零时,功率较小
	轴流式通风机	转速高、风量大、压头低,用于舱室的送风和抽风
工作压力	低压通风机	工作压力低于 1 kPa,通常用于舱室送风
	中压通风机	工作压力为 1~3 kPa,通常用于锅炉送风
	高压通风机	工作压力为 3~15 kPa,通常用于空调装置送风
连接方式	送风机	将新鲜空气输入舱室内
	抽风机	将舱室内的污浊空气排至大气
	风扇	使舱室内空气流通

三、通风机的使用与维护管理

1. 通风机的使用

(1)离心式通风机在风量为零时,功率较小,宜关闭出风闸门“封闭”起动。

(2)轴流式通风机在风量为零时,功率并不小,一般在全开出风闸门下起动,且不宜在短时间内频繁起停。

2. 通风机的维护管理

(1)定期清除吸入空滤器和通风机内部的灰尘污垢,以确保气道的通畅和防止生锈。

(2)定期加注轴承滑油,以确保良好润滑。

(3)对备用或停机时间长的通风机,应定期将转子旋转 120°~180°,以免主轴弯曲变形。

(4)在通风机运行过程中,若出现剧烈振动、轴承过热等,应停机检修。

本章思考题

1. 压缩空气在船舶上的用途有哪几个方面?
2. 船用压缩空气系统一般由哪些部件组成?
3. 活塞式空压机运行时的管理要点有哪些?
4. 空压机排气量下降的原因主要有哪些?
5. 通风机的维护管理应注意哪些事项?

第三章　船舶甲板机械

第一节　液压传动概述

一、液压系统的基本组成

液压传动是通过液压油来传递能量的一种传输方式。液压系统能实现能量的传递和转换。液压系统主要包括动力元件、执行元件、控制元件和辅助元件，如图 3-1 所示。

1. 动力元件

液压泵（油泵）是液压系统的动力元件，用于将电动机的机械能转换为液压能，向液压系统提供足量的液压油。

2. 执行元件

液压油缸（或液压马达）是液压系统的执行元件，用于将液压能转换成带动工作部件的机械能。

3. 控制元件

液压控制阀是液压系统的控制元件，用于控制液压系统中油液的流向、流量和压力，以满足工作部件对运动方向、速度和输出力（力矩）的要求。

4. 辅助元件

辅助元件包括油箱、过滤器、蓄能器、冷却器、压力表、油管、连接件等。

二、液压系统的分类

液压系统按油液循环方式分为闭式系统、开式系统和半闭式系统，闭式系统的油液循环线路为液压泵—液压油缸（液压马达）—液压泵；开式系统油液的循环线路为液压泵—液压缸（液压马达）—油箱—液压泵。按额定压力分为低压系统（小于 6.3 MPa）、中低压系统（6.3～10 MPa）、中高压系统（10～20 MPa）、高压系统（20～31.5 MPa）。

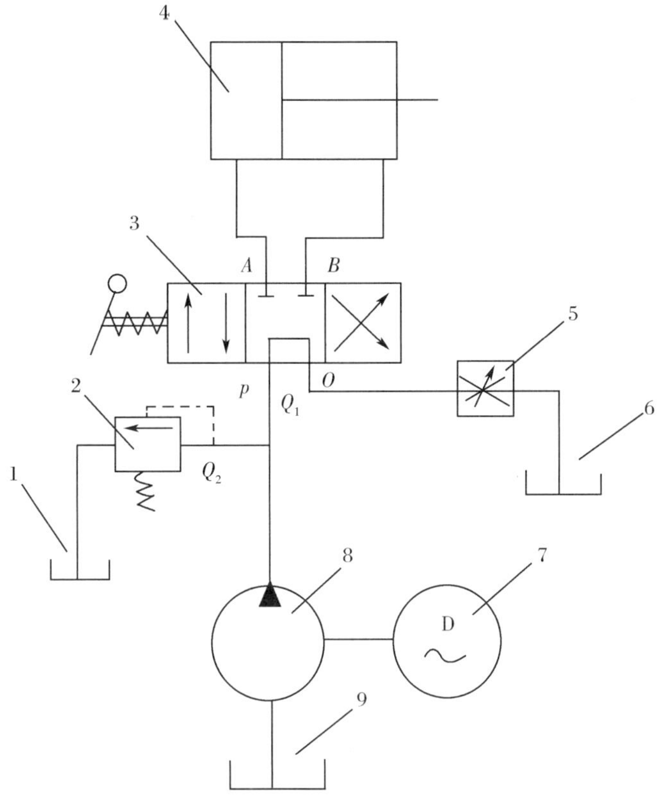

图 3-1　液压传动系统的基本组成

1,6,9—油箱;2—溢流阀;3—三位四通换向阀;4—液压油缸;5—节流阀;7—交流电动机;8—液压泵

三、常见液压控制阀的功能

常见液压控制阀的功能见表 3-1。

表 3-1　常见液压控制阀的功能

液压控制阀	功能
单向阀(又称止回阀)	限制油液的流动方向,只允许油液单向流动
换向阀	控制油路的通断和改变油液流向
溢流阀	在阀前系统油压超过整定值时泄放油液。按其在液压系统的功用分为定压阀和安全阀两类,定压阀在系统工作时阀常开,通过改变溢流量来保持系统的油压基本稳定;安全阀在系统工作时阀常闭,仅在系统油压超过调定值时才开启溢油
减压阀	使流经阀的油液节流,降压,并保持阀后压力或压差基本恒定,以便于从系统中分出油压较低的支路
顺序阀	通过油压信号控制油路通断的阀,用来控制执行元件的动作顺序
节流阀	控制油流流量

四、液压油的使用与管理

在液压传动系统中，液压油不仅用来传递液压能，还具有润滑、散热和防锈的作用。其性能对液压装置的工作性能和使用寿命有重要影响。

1. 液压油的使用

（1）选用黏度适宜和黏度指数较高的液压油。液压油的黏度太大，会造成阻力增大，液压泵的自吸能力和工作装置的效率下降。液压油最适宜的黏度为 17～40 mm^2/s，黏度指数在 90 以上，液压油具有较好的润滑性和黏温性。

（2）选用液压油的闪点要高（大于 135 ℃），凝点要低（小于最低气温 10～15 ℃），以保证液压油的防火性能和良好流动性。

（3）新安装的液压系统运转三个月后，应更换一次液压油。液压油的使用期限多数为 2～4 年，若维护管理得好，使用期限可达 4～6 年。

（4）在使用过程中，应定期清洗过滤器，防止系统油液外漏和空气进入，油柜的油位应保持在油位计 2/3 左右。

（5）主液压泵的排油压力不应高出最大工作压力，吸油压力不应低于补油条件（闭式系统）或吸油条件（闭式系统）所确定的正常值。

应根据液压泵的种类、工作温度和工作压力来选用合适的品种和黏度等级的液压油。液压系统实际工作温度通常比环境温度高出 15～25 ℃（室内）、25～35 ℃（温带室外）或 40～50 ℃（热带室外），具体因工作条件和散热好坏而异。

2. 液压油油质的控制

（1）定期对液压系统的液压油进行取样化验检查。用试管对新、旧液压油进行对比，若旧油色暗且有恶臭，则表明液压油已变质，需更换；若旧液压油颜色变化不大，只是浑浊，则表明混入了水分，需排除水分并掺入新液压油，以调整液压油的黏度。

（2）防止不同牌号或新、旧液压油混用。更换液压油时，应将旧液压油放净，以免新、旧液压油混合在一起；当更换不同牌号的液压油时，充液压油前应用溶剂将油箱和管路清洁干净。

（3）新装液压油时，应经过铜带滤网过滤后进入油箱。

（4）液压油在使用过程中尽量避免灰尘、水分和杂质进入。

（5）在使用过程中，严格控制油温，防止油温过高，以免引起液压油变质。

（6）适量加入添加剂。

3. 液压油工作油温的控制

液压油温越高，氧化变质越快，使用寿命越短。油温超过 55 ℃后，每升高 9 ℃，液压油的使用寿命约缩短一半。因此，油温超过 50 ℃时应使用冷却器；油箱进口处油温一般不应超过环境温度 30 ℃，通常不超过 60 ℃。环境温度较高时，液压甲板机械连续重载工作应特别注意油温。对于负荷不大的室内液压装置，可将最高工作油温定为 65 ℃；舵机通常将最高工作油温定为 70 ℃。如超过极限温度使用，不仅液压油会很快变质，而且液压设备得不到良好润滑，属于破坏性使用。液压油的最佳使用温度范围为 30～50 ℃。

第二节　舵机

舵机(操舵装置)是保证船舶安全航行的最重要的设备之一,主要包括转舵动力设备、转舵机构和操纵系统。海洋渔业船舶的舵机有电动液压舵机和人力液压舵机。

一、对舵机的基本要求

我国渔业船舶检验局《钢质海洋渔船建造规范(2015)》对舵机的技术要求:

(1)每艘渔船应备有两套操舵装置,一套为主操舵装置,另一套为辅助操舵装置。主、辅助操舵装置的结构及布置应保证切换迅速、方便,且当其中之一损坏时,不致使另一装置失灵。主操舵装置为人力操舵装置时,可不设辅助操舵装置,但仍应备有能直接作用于舵上的应急操舵装置。

(2)船长不小于 75 m 时,主操舵装置应在驾驶室及舵机器处所内均设控制系统,且当驾驶室的控制系统失效时,不应影响舵机器处所控制系统的功能。辅助操舵装置如设在舵机舱内,则驾驶室与舵机舱之间应设有通信设备。

(3)在驾驶室应设有能正确反映舵位的舵角指示器,舵机器处所内亦应装有舵角的指示设备。主操舵装置为动力操纵时,应在驾驶室设有独立于操舵装置控制系统的舵角指示器。

(4)人力操舵装置的操作力不应超过 160 N,其结构应保证不致对操舵手轮产生破坏性的反冲作用。

(5)主操舵装置应具有足够的强度,并能在渔船处于最大满载吃水且在最大航速时进行操纵,能将舵自任一舷 35°转至另一舷的 35°,并且于相同的条件下自一舷的 35°转至另一舷的 30°所需的时间不超过 28 s。

辅助操舵装置应具有足够的强度,且当船舶处于最深航海吃水,并以最大营运航速的一半但不小于 7 kn 的速度前进时,能在不超过 60 s 内将舵自任一舷的 15°转至另一舷的 15°。

(6)操舵装置应有保持舵位不动的制动装置。对于液压舵机,如舵机液压油缸与管路间设有隔离阀,可免设此制动装置。

(7)操舵装置应设有舵角限位器,其安装位置应使转舵角度比最大工作角度大 1.5°。

(8)动力操纵的操舵装置还应设有限位开关或类似的设备,使舵在到达舵角限位器前停止,装设的限位开关或类似的设备应与转舵机构本身同步,而不应与操舵装置的控制系统同步。

(9)监测和报警:操舵装置发生故障时,应在驾驶室内进行报警。操舵装置的报警和监测要求应按表 3-2 的规定。

表 3-2 舵机监测和报警要求

序号	项目	报警	附注
1	操舵装置动力设备的动力	失效	
2	舵机电路及电动机	断相及过载	每一电动机工作时,均应于驾驶台和机舱主控制站进行运行指示
3	操舵装置控制系统动力	失效	
4	操舵装置液压油柜油位	低	每一油柜均应进行监测,船长小于 45 m 时可免设
5	舵角位置进行指示		
6	自动舵装置	失效	进行运行指示
7	液压油温度	高	在油冷却器安装处
8	液压油滤油器压力差	高	当滤油器安装时

二、阀控型电动液压舵机的组成和工作原理

阀控型电动液压舵机由主油泵、辅油泵(控制油泵)、电液换向阀、转舵机构等组成,如图 3-2 所示。两台定量泵机组互为备用,各包括一个主油泵和一个辅油泵,可由驾驶台和舵机间两处起动。转舵机构为往复式油缸。

阀控型电动液压舵机使用单向定量油泵(主、辅油泵),其吸、排方向不变。当驾驶台发出信号,遥控电磁换向阀换向时,控制油使电磁换向阀换向,使主油泵来的动力油进入转舵机构不同的油缸中,改变舵的转动方向;当驾驶台无控制信号时,主油泵处于卸载状态。

这种舵机可采用电力或电液的方式远距离操纵。一般当油路通径较小(即阀芯较小)时,多采用电力直接操纵;当油路通径较大时,需采用电液间接操纵的方法,由驾驶台直接控制液动换向阀的电磁导阀两电磁铁通电和断电即可。阀控型电动液压舵机结构简单,造价低,维护管理方便。但是,因采用换向阀换向,液压冲击大;在停止操舵时,主油泵仍以最大流量排油,油液发热量大,经济性较差。阀控型电动液压舵机适用于功率较小的系统。

三、电动液压舵机的使用与维护管理

1. 液压系统充油

(1)液压油的品种和牌号应符合说明书的规定,严禁不同品种和牌号的油混掺使用。

(2)液压油应经过滤后充入油柜,并达到最高油位。用泵充油时,应随时向油柜补充油,以保证油柜中的吸油管口始终浸没在油中。

(3)防止油泵干转。新装或检修后的油泵,起动前最好灌入一定量的液压油,并用手转动油泵,让油箱的油液逐渐充满油泵。若没有手动泵,宜用油泵向系统充油。

(4)防止转舵机构的柱塞撞击油缸。左右油缸设有旁通阀的,向油缸充油时可开启旁通阀;未设旁通阀的,可利用机房的操纵机构控制主泵,间断交换地向左右油缸充油。为可靠起见,最好拆下转舵油缸上的放气螺塞或位置较高的管路接头,灌入一定量的油液。

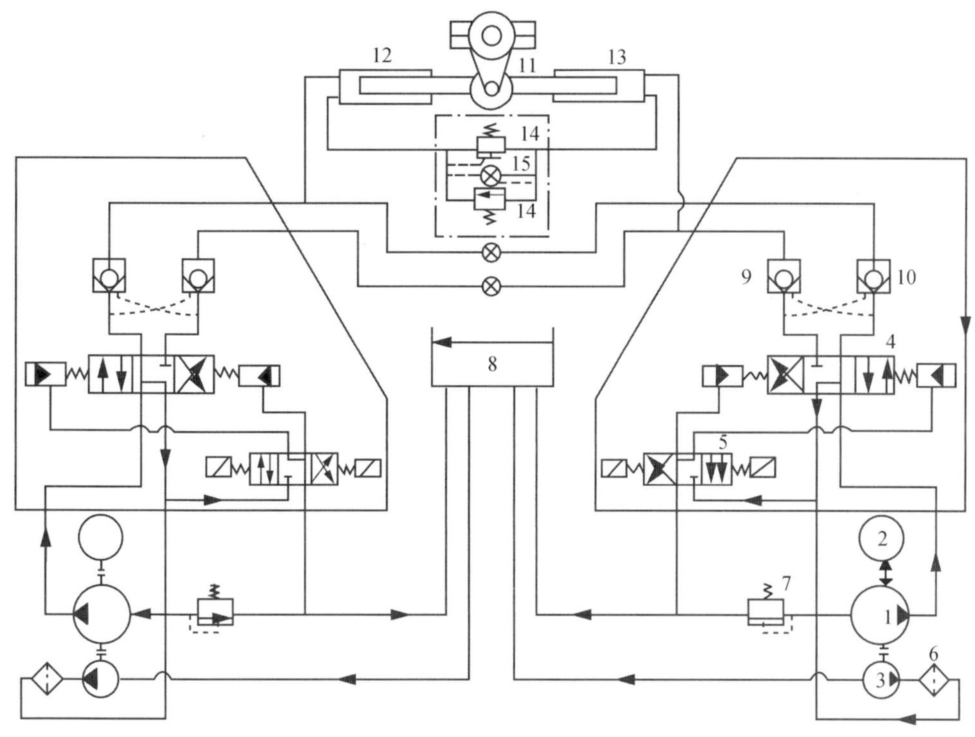

图 3-2　阀控型电动液压舵机

1—主油泵;2—电动机;3—辅油泵;4,5—电磁换向阀;6—滤器;7—溢流阀;8—油箱;9,10—液控单向阀;11—撞杆;12,13—油缸;14—防浪阀;15—手动旁通阀

(5)驱除空气。充液中应开启系统中的放气阀或螺塞,或松开压力表接头排空气。

2. 船舶开航前的试舵

每次船舶开航前,应会同值班驾驶员在舵机房和驾驶室一起试舵。

(1)验明主换向阀或泵的变量机构处于中位后,脱开遥控机构或把转换开关置于舵机房操舵位置。

(2)起动一台泵组,通知驾驶室后在机房操舵。使舵从 0°转至一舷 35°,然后回中。间断地开启压力侧油路上的放气阀或螺塞排出空气;观察电流、油压、密封和机电运转情况;注意有无异常响声和气味;核对转舵时间是否符合要求。

(3)分别起动其他泵组,进行同样的检查。

(4)接通遥控机构或把转换开关置于遥控位置,通知驾驶台试舵。分别起动各泵组,向两舷做 5°、15°、25°、35°的操舵试验。观察舵机运转情况,核对指令舵角(操舵角)、实际舵角和指示舵角是否一致(零舵角的偏差应为 0°,其余舵角的偏差应小于±1°);校验有无明显跑舵现象,非随动操纵者的冲舵角是否在 2°范围内,舵轮的空转是否不超过半圈或滞舵时间是否不大于 1 s。

(5)用备用的遥控机构或其他应急操舵装置做同样试验。

(6)试验完毕后,通知驾驶台,停泵,待开航。

3. 航行中的管理

在船舶航行过程中,每小时对舵机房巡回检查一次,船舶用急倒车时应到舵机房监视舵机的工作,发现异常应及时处理,并报告轮机长和做好记录。

(1)检查油位。补油柜或循环油柜的油位应保持在油位计 2/3 左右。

(2)检查油温。油箱油温通常不应超出室温 30 ℃以上,一般不应超过 60 ℃。若油温超过 80 ℃,则须停泵。

(3)检查油压。主泵的排油压力不应高出最大工作压力,吸油压力不应低于补油条件(闭式系统)或吸油条件(开式系统)所确定的正常值。

(4)检查外露滑动表面。适时加一定量工作油,设有油杯者,应适时地加油。

(5)检查密封情况。油柜、油缸、阀件、油管和接头等处不应漏油,舵杆的舵承填料不应漏水。转舵油缸的外露柱塞滑动表面应有薄油层,但不得滴漏,若有滴漏,可适当压紧填料压盘。

(6)若有异响和冲击声,则应查明原因,及时处理。

(7)油泵和电动机不应有过热现象。

(8)检查备用泵。停用时不应反转,若反转则表明泵排出管处的单向阀泄漏或防反转机构损坏。

(9)检查应急操舵系统是否处于良好的备用状态。

(10)检查电气控制箱工作是否正常,线路接头有否松动。

4. 船舶停航时的管理

(1)清洁油缸柱塞等外露的滑动表面,并加注工作油。若长期停用,则应涂覆滑脂。

(2)消除油管、接头、阀件和各密封填料处的漏油现象。若油缸柱塞的皮碗填料处滴油,压紧压盘不能消除,则应换新(一般使用四年以后最好换新)。换填料时,应逐步松开压盘,每次松开 2 mm 左右,用手泵或主泵以小排量运行,利用油压将皮碗慢慢推出;然后用竹、木质工具将新填料推入,以免损伤柱塞滑动面、内套密封面和填料。

(3)定期清洗油滤器。新船首次航行后必须清洗。

(4)清洁换向器和控制箱中的电器触头,检查并消除连接松动现象;测量电器设备绝缘电阻,如不符合要求,应检修。

(5)至少每半年取液压油样外观检查,每年化验一次油样,若已超过使用极限,则应换用同品种新油。一般新船第一次换油时间不超过 2 000 h。油箱换新油时必须彻底清洗,使用约两年清洁一次。

四、人力液压舵机的组成和工作原理

人力液压舵机是以人力作为油泵的动力,由舵轮直接驱动油泵工作的液压舵机,其结构简单,工作可靠,广泛应用于小型机动船舶上。

摆动柱塞式油泵的人力液压舵机由摆动柱塞式油泵、转舵机构、阀件等组成,如图 3-3 所示。

当向右转动舵轮时,曲轴顺时针回转,在曲柄带动柱塞摆动的同时,一方面使柱塞在缸体中做往复运动,产生吸、排过程;另一方面又使缸体交替地左右回转,使左右油口交替地开启和关闭,完成配油任务。这时,泵经右边的油口从转舵机构的左油缸吸油,经左边的油口向转舵机构的右油缸排油,舵向右偏转。

当向左转动舵轮时,油泵吸、排油的方向相反,则舵向左偏转。

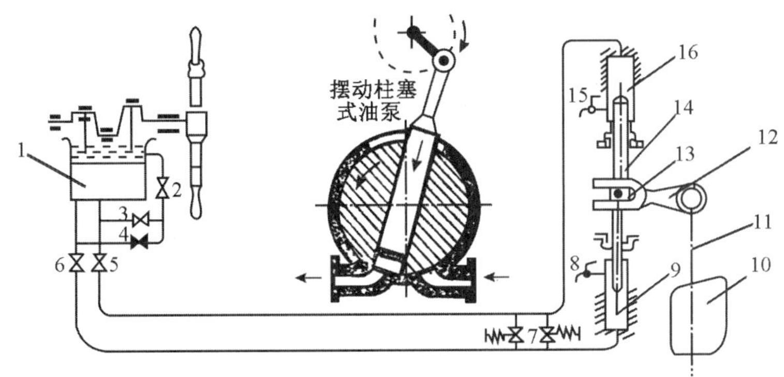

图 3-3　人力液压舵机的组成和工作原理

1—摆动柱塞式油泵;2—充液阀;3,4—旁通阀;5,6—截止阀;7—防浪阀;8,15—放气旋塞;9—左油缸;10—舵叶;11—舵柱;12—舵柄;13—拨叉;14—柱塞;16—右油缸

只要左右转动舵轮就可实现左右转舵。操舵时,只开启截止阀。

为了缓和冲击,保证液压系统的安全,在油路中设有防浪阀。当受风浪等影响,系统中的油压越过调定值时,防浪阀即开启,使转舵机构的左右油缸旁通,油压平衡,额外负荷也就消失。此外,还设有手动旁通阀,必要时使两油路旁通。

五、人力液压舵机的使用与维护管理

1. 人力液压舵机的使用

(1)油缸充油排气。开启充液阀、旁通阀(左)、截止阀(左)和左油缸的放气旋塞,关闭旁通阀(右),然后向左转动舵轮,就可对左油缸充液放空气;开启充液阀、旁通阀(右)、截止阀(右)和右放气旋塞,关闭旁通阀(左),然后向右转动舵轮,则可以对右油缸充液放空气。

(2)校正舵角。校正舵角时,可先转动舵轮,使转舵机构的拨叉处于正中位置,然后关闭截止阀,开启旁通阀,转动舵轮,使舵角指针停在"0"位置,且使舵轮上不同标记的轮爪正好朝上。关闭旁通阀,开启截止阀,再左右转动舵轮,检查操舵角与实际舵角是否相符。

2. 人力液压舵机的管理

(1)经常检查油箱中是否充满液压油。

(2)加油时,必须加注规定牌号、清洁的液压油。

(3)使用过程中,充液必须处于开启状态,以便自动向系统即时补油。

(4)开航前应进行校舵,必须满足操纵舵角、指示舵角和实际舵角一致的要求。

(5)检查防浪阀的开启压力是否正确,以免不能正常工作或超负荷。

第三节　锚缆机械

一、对锚缆机械的技术要求

锚机在工作时拉力变化很大，起单锚时最大拉力通常发生在拔锚破土时。为适应其负荷变化大的特点，船舶上通常采用电动锚机或液压锚机。电动锚机一般采用三速交流异步电动机驱动。液压锚机常采用有级变量液压马达来限制功率，也可采用恒功率液压泵或液压马达。

我国渔业船舶检验局《钢质海洋渔船建造规范(2015)》对锚机的技术要求：

(1)船长不小于45 m或者锚质量超过450 kg时，其锚机应由独立的原动机或电动机驱动。对于液压锚机，可允许其油泵由主机通过离合器带动，若主机带动的油泵系供锚机与绞缆机共用，则在其管路分道处应设有操纵简易且能正确控制流量的分流阀，其管路的连接及布置应保证锚机的正常工作不受影响。

(2)动力锚机应能倒转，对于液压锚机，其液压管路如与其他液压系统相连接，应保证锚机的倒转不受影响。

(3)原动机和传动装置应设有防止超力矩和冲击的保护。

锚质量不超过250 kg时，若手动锚机可满足使用要求，可允许配置手动锚机，手动锚机应有防止手柄打伤人的措施。

(4)锚机应具有足够的功率，且应有连续工作30 min的能力。锚机应在过载拉力作用下(不要求速度)连续工作2 min，过载拉力应不小于额定拉力的1.5倍。

(5)锚机进行起锚试验时，试验水域的深度应大于55 m，从55 m水深到27.5 m水深起单锚的平均速度应不小于9 m/min。

(6)锚机的链轮或卷索滚筒与传动轴之间应装有离合器，离合器应设有可靠的锁紧装置。采用锚链的锚机必须装设有效的制链器及起锚时的自锁装置，钢索锚机应设有可离合的棘轮装置。锚机的链轮或卷索滚筒应装有可靠的制动器，制动器刹紧后，应承受锚链或钢索断裂负荷45%的静拉力。

(7)对卷索滚筒应设有保证卷索均匀性的排索装置。

二、锚机

船舶在港口停泊时，为了克服作用在船体上的水流力、风力和船舶纵倾、横倾时所产生的惯性力，保持船位不变，需设置锚设备。此外，锚设备还是操纵船舶的辅助设备，如靠离码头、系离浮筒、狭窄水道掉头或紧急减刹船速等，都要用到锚设备。

锚设备由锚、锚链、制链器和锚机等组成。锚机是用来收放锚和锚链的机械。锚设备及其在船首的布置如图3-4所示。

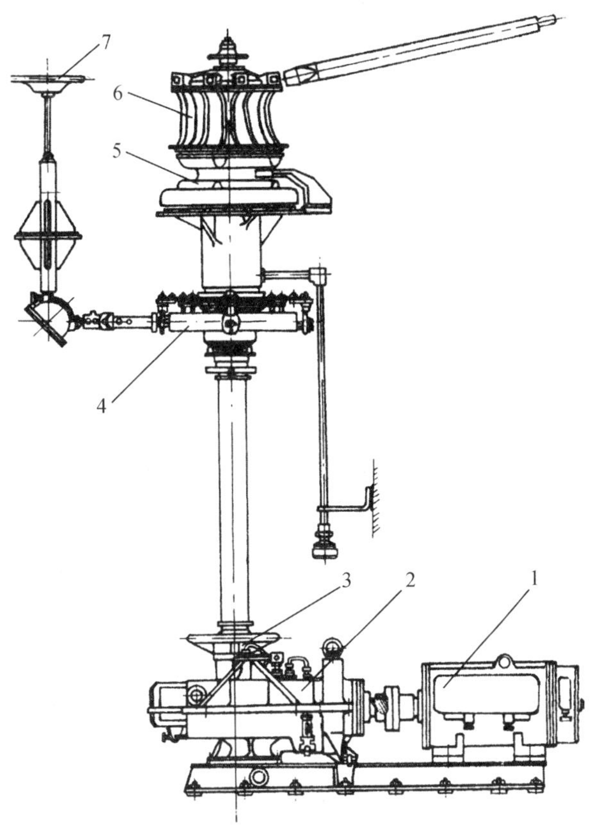

图 3-4　锚设备的布置

1—电动机;2—减速器;3—牙嵌式离合器;4—制动器;5—链轮;6—转筒;7—手轮

按原动力的不同,锚机可分为人力锚机、电动锚机和液压锚机。按驱动轴的布置方式,锚机又分为立式锚机和卧式锚机。

卧式电动锚机的组成如图 3-5 所示。它包括原动机(电动机或液压马达)减速器、离合器、

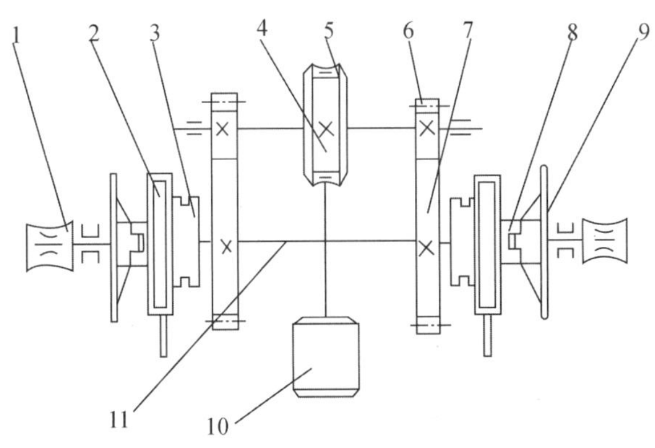

图 3-5　卧式电动锚机的组成

1—绞缆转筒;2—制动轮;3—链轮;4—蜗杆;5—蜗轮;6,7—减速齿轮;8—牙嵌式离合器;9—手轮;10—电动机;11—驱动轴

卷筒、链轮、制动轮、驱动轴、手轮。减速器由蜗轮、蜗杆和减速齿轮构成，为两级减速。在驱动轴上左右各装有一链轮、制动轮、牙嵌离合器和卷筒，锚机可左、右起锚或左、右绞缆。制动轮和链轮为整体制造，套于驱动轴上，靠牙嵌离合器的离合使其与驱动轴脱开或连接。

三、系缆机

系缆设备是船舶为停靠码头、系带浮筒、傍靠他船和进出船坞等所使用的机械设备，由系缆索、带缆桩、导缆装置（导缆孔、导缆钳或导缆滚轮等）、系缆机、绳车、碰垫等组成。利用绞缆机收绞缆索，即可使船舶系靠。在船首，系缆卷筒通常和锚机一起，用同一动力驱动，并可以通过离合器啮合或脱开；有的起货机也同时带有系缆筒；在船尾则大多设置独立的系缆机。系缆机按所用动力的不同可分为电动系缆机和液压系缆机。

系缆机的组成如图 3-6 所示，包括原动机（电动机或液压马达）、减速器、卷筒和制动装置等。

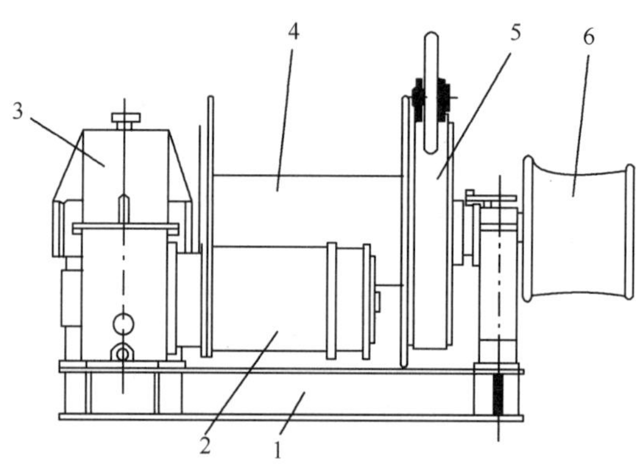

图 3-6　系缆机的组成

1—底座；2—电动机（或液压马达）；3—减速器；4—主卷筒；5—带式制动器；6—副转筒

电动机（或液压马达）通过齿轮减速机构带动主卷筒及副卷筒转运。主卷筒在卷绞的同时还能储绳，它既能绞缆，又能靠手动带式制动装置来系缆，当缆绳张力太大时允许制动器打滑松缆，以免拉断。副卷筒只能卷绞缆索，收储缆绳需靠另设的人力控制的绳车。

本章思考题

1. 液压传动装置由哪些基本部分组成？
2. 液压油油质的控制应注意哪些事项？
3. 阀控型电动液压舵机有哪些特点？
4. 开航前进行试舵，应进行哪几项试验？
5. 人力液压舵机的管理要点有哪些？
6. 对锚机的基本要求有哪些？

第四章　船舶制冷与空气调节装置

第一节　船舶制冷装置

所谓制冷，就是用人工方法从被冷却对象中移出热量，使其温度降低到一种相对低的状态。显然，要使一个冷藏室中的温度低于周围环境温度，必须不断地从室内移出热量。因为热量只会自行从高温处传至低温处，而不能反向转移，所以制冷装置的功用就在于将冷藏室中的热量强行排出。

一、在船上安装制冷装置的目的

1. 伙食冷藏

船舶一般来说本身都必须储藏相当数量的食品，以满足船上人员生活上的需要。为了储存食品，船上大多设有伙食冷库和相应的制冷装置，习惯称为伙食冰机。远洋渔船经常需要在海上连续航行一个多月，因此必须设有相当容积的食品冷库和制冷装置。

2. 船舶空调

现代船舶为了能向船员和旅客提供适宜的生活条件和工作环境，一般都装有空气调节装置。为空调提供冷源的制冷装置船上习惯称为空调冰机。

3. 冷藏运输

早在 19 世纪 80 年代就开始建造并使用专门运送冷藏货物的冷藏船。现在冷藏集装箱运输已日趋普遍，冷藏船和冷藏集装箱都设有专门的制冷装置。

二、食品冷库的冷藏条件

1. 温度

低温是食品冷藏最重要的条件。低温可以抑制微生物的活动，同时也抑制水果、蔬菜的呼吸，延缓其成熟。只有食品中的水分完全冻结，微生物的生命活动才会停止。食品中的水分溶有盐类等物质，要完全冻结约需-60 ℃；但到-20 ℃时食品中的大部分微生物已基本停止繁殖。储藏冻结的肉、鱼类食品的船舶伙食冷库习惯称为低温库。长航线航行的船低温库储藏温度以-22~-18 ℃为宜(也有的设计温度低至-25 ℃),肉类能保存较长时间(半年以上)。库温保持在0 ℃以上的其他伙食冷库习惯称为高温库,其中菜库温度多保持在0~5 ℃,粮库和干货可选择为12~15 ℃。

2. 湿度

相对湿度过低会使未包装的食品因水分散失而干缩;而湿度过高又使霉菌容易繁殖,但对冷冻食物影响不大。因此,高温库适宜的相对湿度为85%~90%,低温库可保持在90%~95%。冷库一般在降温过程中能保持适宜的湿度,不需要专门调节。

食品在冷藏期间会发生干缩。这是因为食品在降温过程温度比库温高,其表面的水分容易蒸发而不断散失。食品干缩速度不仅取决于库内空气的含湿量,还与库内空气流速及食品的性质、外形和包装方式有关。侵入库内的热量越多,制冷装置工作的时间越长,则食品的水分转移到制冷蒸发器表面的霜、露越多。

3. CO_2 和 O_2 的浓度

适当减少 O_2 和增加 CO_2 的浓度,能抑制水果蔬菜呼吸和微生物的活动,可减少水分的散失,储藏期可比普通冷藏库延长0.5~1倍,但如果 CO_2 浓度过高呼吸就会过弱,菜、果反而更快变质腐烂。菜库、果库一般以 CO_2 浓度控制在5%~8%(大气中含量约为0.4%)、O_2 浓度控制在2%~5%为宜。

船舶冷库采用适当的通风换气来保持合适的气体成分。所谓舱室的换气次数是指更换了相当于多少个舱室容积的新鲜空气量。果蔬类冷藏舱或冷藏集装箱的换气次数以每昼夜2~4次为宜。船上菜库由于每天开门存取食品,一般无须特意换气。

4. 臭氧浓度

臭氧是分子式为 O_3 的气体,它在一般条件下极易分解,即 $O_3 \rightarrow O_2 + [O]$,产生的单原子氧氧化能力很强,能使细菌、霉菌等微生物因蛋白质外壳氧化变性而死亡。臭氧除杀菌作用外,还可抑制水果的呼吸,防止其过快成熟,这是因为水果在呼吸时会放出少量的乙烯,对水果有催熟作用,而臭氧能使乙烯氧化而消除。此外,臭氧还有除臭作用。但臭氧也会使奶制品和油脂类食物的脂肪氧化,产生脂肪酸而变质,故目前在船上臭氧多用于菜库。

臭氧可由臭氧发生器产生,它是利用两个金属电极间的高压放电,使空气中的氧气转变成臭氧,即 $3O_2 \rightarrow 2O_3$,这和夏季雷雨时天空中的闪电能使大气产生臭氧一样。臭氧发生器宜装设在冷库高处,因为臭氧在空气中相对密度较大,放在高处有利臭氧散播。

臭氧一般来说是无毒的,呼吸0.1ppm以下体积分数的臭氧对人体还有保健作用。但由于其强氧化作用,体积分数超过1.5ppm(空气中含量约2 mg/m^3)时,会刺激人的呼吸道黏膜并使人头疼,故进冷库前应停止臭氧发生器的工作。国际臭氧协会制定的卫生标准是0.1ppm,接触不超过10 h(我国标准是0.15ppm,不超过8 h)。臭氧体积分数达到0.02ppm时嗅觉灵敏的人可嗅到草腥味,体积分数超过0.15ppm时一般人都能嗅出。

三、蒸气压缩式制冷的原理和工况

机械制冷的方法主要有蒸发制冷、气体膨胀制冷和半导体制冷,其中蒸发制冷最为普遍。蒸发制冷是利用液体蒸发汽化时吸收汽化潜热的原理来制冷,常用的有蒸气压缩式(简称压缩式)、吸收式和蒸汽喷射式三种。下面只介绍蒸气压缩式制冷方式。

1. 蒸气压缩式制冷的原理

(1)液态与气态互相转换的规律

任何物质当其呈液态时,总有一些动能大的分子能脱离液面蒸发成为气体,液体温度越高,单位时间内汽化的分子就越多,液体汽化时如果不能从外界吸热,则汽化后剩下液体的温度就会降低。另一方面,气体分子在运动时总会有一部分返回到液体中去,气体的压力越大,单位时间液化的分子就越多,气体液化时要放热,如不能向外散热,液体的温度就会升高。当液体温度既定时,若液面气体压力达到某既定值,则汽化和液化会达到动态平衡,液面上气体达到饱和状态,这时的气体压力称为该温度下所对应的饱和(蒸气)压力,而这时的温度就称为该压力所对应的饱和温度。

任何液态物质都存在自身固有的饱和温度和饱和压力的对应关系。温度越高,饱和压力也越高,反之亦然。

压缩制冷所用的工质——制冷剂(简称冷剂)通常是常温下饱和压力较高的液体。当液态冷剂单独贮放在冷剂瓶中时,瓶内压力便是它在该温度所对应的饱和压力。温度升高则瓶内压力也随之升高,例如制冷剂 R404A 在 30 ℃时的饱和压力(绝对)是 1.415 MPa,如温度升高到 50 ℃,饱和压力便升高到 2.30 MPa。因此,为安全起见,冷剂瓶不应被太阳暴晒和接近高温热源。当需要把冷剂从甲容器转移到乙容器中时,只要用能耐压的接管将两容器相连,使甲容器瓶口向下,并适当加热甲容器(例如浇热水)或冷却乙容器(例如浸冰水),使两容器保持一定温差(压差)即可。

当液体温度低于其压力所对应的饱和温度时,汽化只在液面上发生。而液体被加热到其压力所对应的饱和温度时,内部便会产生许多气泡,因其饱和压力已达到液体所受压力而不致被“压灭”,便会随液体吸热汽化而长大浮起,这种在液体表面和内部同时进行的较剧烈的汽化现象称为沸腾。液体沸腾时被加热温度(沸点)也不变,所吸收的热量用于使液体汽化。反之,气体被冷却到其压力所对应的饱和温度时便开始冷凝成液体,放出潜热。在冷凝过程中气体和液体的温度(冷凝温度)保持不变。在同样压力下冷凝温度和沸点相同。单位质量的某物质在既定压力下全部汽化所吸收的热量与液化所放出的热量相等,称为汽化潜热。在沸腾或冷凝过程中,气体称为饱和蒸气,液体称为饱和液体,二者的混合物称为湿蒸气。饱和蒸气在湿蒸气中所占的质量比例称为干度。液体全部汽化后,干度为 1 的饱和蒸气称为干饱和蒸气。干饱和蒸气继续吸热而温度升高即称为过热蒸气。过热蒸气的温度与其压力所对应的饱和温度之差称为过热度。另外,湿蒸气在液化过程中干度降为 0 的饱和液体继续冷却而温度下降即称为过冷液体,其温度称过冷温度。液体所处压力所对应的饱和温度与液体实际温度(过冷温度)之差称为过冷度。

(2)压缩制冷的基本循环

压缩制冷的原理可参照图 4-1,叙述如下:如果将钢瓶中的冷剂经膨胀阀泄放到冷却盘管(蒸发器)中,而保持盘管内的压力比钢瓶中低得多,则冷剂流经阀后压力便急剧降低。因其原来温度远高于盘管中压力所对应的饱和温度,部分冷剂便迅速闪发成气,其汽化潜热取自其余未汽化的液体,气、液温度均降为阀后压力所对应的饱和温度。这就像锅炉中温度高于 100 ℃的水被泄放到大气中,其中一部分会闪发成蒸汽,其余水的温度立即降到 100 ℃一样。拿 R404A 来说,如阀后表压力为 0.203 MPa,其饱和温度(在此称蒸发温度)约为-20 ℃,这时阀后管壁立即结满霜层。冷剂在蒸发器中从周围的空气吸热使之降温，本身不断汽化，至接近盘管出口处即可成为过热蒸气。为了使盘管中气压能保持较低，并能回收冷剂供循环使用，盘管出口应接气体压缩机吸口。压缩机从盘管中吸入冷剂过热蒸气并压送到冷凝器中。冷凝器不断接收压缩机排出的温度较高（吸收了压缩机耗功所转换成的热）的过热蒸气，因而气压较高。压力越高，则饱和温度越高。例如 R404A 在表压 1.315 MPa 时，饱和温度为 30 ℃，低于此温度的冷却介质（例如处于环境气温的空气或船舶的舷外水）便能将冷剂过热蒸气冷却到饱和温度（在此称冷凝温度）而液化，在冷凝器底部的液体还可能有一些过冷度。将冷凝器中的冷剂液体引至膨胀阀，则可再流经阀循环使用。

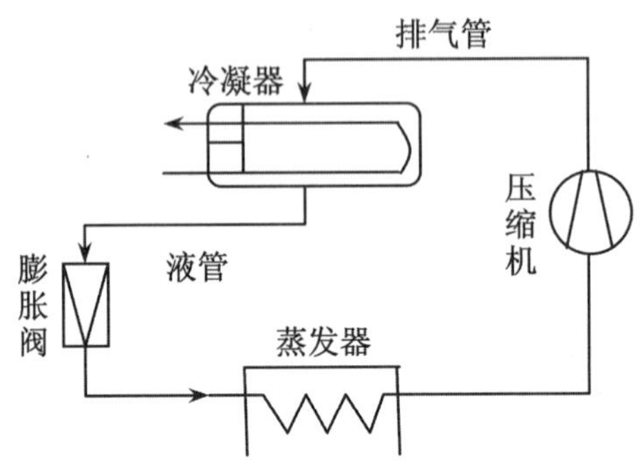

图 4-1　蒸气压缩式制冷原理

膨胀阀、蒸发器、压缩机、冷凝器是组成压缩制冷循环的基本元件。它们的功用是：

膨胀阀——使流过的冷剂节流降压，并可控制冷剂的流量；

蒸发器——使流经其中的冷剂吸热汽化；

压缩机——抽吸蒸发器产生的冷剂蒸气并将其压送到冷凝器中；

冷凝器——使压缩机送来的冷剂气体冷却并液化。

在压缩制冷循环中，从膨胀阀至压缩机吸口为系统的低压部分；从压缩机排出口到膨胀阀进口为系统的高压部分。在此循环中，冷剂在蒸发器中所吸收的热量加上压缩冷剂气体耗功所转换成的热量，经冷凝器传给冷却介质带走。

2. 单级制冷压缩机的工况和性能曲线

制冷压缩机的工况是指其所参加的制冷循环的主要温度条件：冷剂的蒸发温度（或吸入压力对应的饱和温度）、冷凝温度（或排出压力对应的饱和温度）、吸气过热度和膨胀阀前的液体过冷度。其中影响较大的是蒸发温度和冷凝温度。

（1）工况参数对制冷装置性能的影响

下面分析各温度条件变化对装置性能——制冷压缩机的制冷量、轴功率和表示制冷循环经济性好坏系数的影响：

制冷量 Q_o＝压缩机的质量流量 G×单位（质量流量的）制冷量 q_o；

轴功率 P_e＝压缩机的质量流量 G×单位（质量流量的）理论功率 w_o；

制冷系数 $\varepsilon=q_o/w_o$。

对于既定的活塞式制冷压缩机，若转速和工作缸数不变，理论容积流量 V_t 为定值，其质量流量 $G=\lambda V_t/v_1$，将随输气系数 λ 和吸气比容 v_1 而变。

在实际工作中，各温度条件的变化是相互影响的，例如冷凝温度（压力）的变化可能使通过膨胀阀的流量变化，会影响蒸发温度(压力)；而蒸发温度(压力)和吸气过热度(吸入温度)改变会导致压缩机质量流量改变，也会对冷凝温度(压力)有影响。为了在研究温度条件变化对制冷机工作的影响时突出主要矛盾，在下面的分析中假设某温度条件改变时，压缩机的技术状况和其他温度条件不变。

①冷凝温度 t_k 变化的影响

冷凝温度是对应于冷凝压力的饱和温度。压缩机排出压力表所指示的排气压力通常近似地等于冷凝压力，其对应的饱和温度可近似看作冷凝温度。

冷凝压力的大小由压缩机的质量流量与冷凝器单位时间冷凝量的动态平衡关系所决定。一方面，若冷凝器换热能力差(取决于冷却介质的温度、流量和传热面积、传热系数)，或冷凝器中聚集了不凝性气体，则冷凝压力就高；另一方面，压缩机吸气压力高，质量流量增大，则冷凝压力也会升高。调节冷凝压力的办法主要是调节冷却介质的流量。

假设其他条件不变，冷凝温度升高，则膨胀阀的节流压降增大，节流后冷剂湿蒸气的干度增大，单位制冷量减小；另外，输气系数也因压力比增加而减小，吸气比容未变，故冷剂的质量流量会略有减少；所以制冷量会减小。同时，由于单位压缩功增大，其影响超过了略有降低的质量流量，故轴功率将增大。而制冷系数显然会减小。

反之，冷凝器的冷却效果越好，则 p_k 越低，一般会使 Q_0 增大、P_e 减小、ε 增大，对工作有利。但如果 p_k 太低，会使流过膨胀阀的流量不足，蒸发压力降低，正如下面要分析的，反而会使制冷量和制冷系数减小。

②蒸发温度 t_0 变化的影响

蒸发温度是对应于蒸发器中蒸发压力的饱和温度。由于吸气管(从蒸发器到压缩机)阻力引起的压降不大，故可以将压缩机进口压力表指示的吸入压力近似地看作是蒸发压力，氟利昂系统吸入压力所对应的饱和温度通常比蒸发温度低不到 10 ℃。

蒸发压力的大小由蒸发器的蒸发量(单位时间产气量)和压缩机质量流量间的动态平衡关系所决定。如果被冷却介质温度降低、蒸发器供液不足或传热不良(例如结霜厚、风机风速低)，则蒸发量减少，蒸发压力就降低；反之，若蒸发器蒸发量大，则蒸发压力就高。另一方面，压缩机质量流量变化也会影响蒸发压力。容量可调的压缩机可通过调节质量流量(例如增减工作缸数)来调节蒸发压力。

假设其他条件不变，蒸发温度降低，则吸气压力降低，吸气比容增大，冷剂质量流量减小，同时单位制冷量稍有降低，故制冷量减小。另外，因为单位压缩功增大，制冷系数显然会减小。至于轴功率的变化难以直观判断，因为蒸发温度降低时单位压缩功虽然增大，但冷剂的质量流量却减小。由工程热力学可算出，常用冷剂压力比约等于 3 时轴功率最大。实际工作时压缩机的压力比多大于 3，故蒸发温度降低而压力比增大时，轴功率是降低的。反之，蒸发压力和蒸发温度升高，制冷量和制冷系数会增加。

③供液过冷度的影响

膨胀阀前所供给的冷剂液体的过冷度是该处冷剂的温度低于其压力所对应的饱和温度之差值。假设其他条件不变，膨胀阀前冷剂的供液过冷度增加，则节流降压后闪发成气的比例减小，即冷剂干度减小，单位制冷量增加，故制冷量会增加；而压缩机轴功率不变，制冷系数增加。

实际装置靠增加冷凝器换热面积来提高过冷度，所能达到的过冷度一般仅为 3~5 ℃，故冷凝器到膨胀阀这段液管因流阻及管路上行导致的压降不宜超过 40~70 kPa，否则液管中的冷剂可能因过冷度消失而提前闪气，使制冷量降低。为了提高过冷度，常需另外采用设备和采取措施，详见下面“回热循环”和“采用蒸发式过冷器的过冷循环”所述。

④吸气过热度的影响

压缩机进口的冷剂温度高于吸入压力所对应的饱和温度之差值为吸气过热度，显然，它取决于向蒸发器的冷剂供液量和冷剂在蒸发器和吸气管的换热量。

假设其他条件不变，吸气过热度增加，而过热是在蒸发器内完成的，则单位制冷量增加；但是单位压缩功也增加，故对制冷系数的影响取决于冷剂的性质。

吸气过热度增加虽然使单位制冷量增加，但吸气比容也增大，使质量流量减少，对装置制冷量的影响也要看二者哪个影响大。

上述冷剂当吸气过热度增加时，单位压缩功的增加不如质量流量减少得快，故轴功率是减少的。吸气过热度太高会使排气温度和滑油温度过高。如果压缩机吸气的过热是冷剂离开蒸发器后在吸气管中从周围环境吸热造成的，则冷剂的单位制冷量实际并未增加，故装置的制冷量和制冷系数会下降，这称为“有害过热”。

(2)回热循环

让从冷凝器中凝结的冷剂液体与刚离开蒸发器的冷剂蒸气换热，使前者进一步过冷，后者进一步过热，是用来提高冷剂供液过冷度的常用方法之一，这样的制冷循环称为回热循环。由于液体的比热容比蒸气大，故液体的温降小于蒸气的温升。

回热器是用来实现回热循环的气液换热器。通常做成冷剂液体在盘管内流过，而气体在盘管外的壳体中逆向流过。

图 4-2 所示为采用回热器的制冷装置简图。有的装置也让吸气管穿过贮液器来实现回热循环；更简单的是使吸气管贴紧液管相互换热，而在它们外面包以隔热材料。

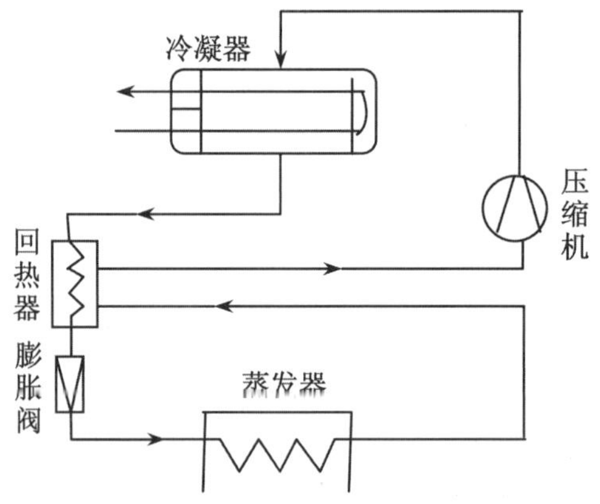

图 4-2　采用回热器的制冷装置

回热循环实现了过冷，单位制冷量增加；但同时也因过热而使单位压缩功增大，质量流量减少，对制冷量、轴功率和制冷系数的影响同增加吸气过热度的影响完全一样，与所用的冷剂有关。若制冷装置膨胀阀前液管的压降较大，为防止“闪气”可采用回热循环；这同时还可以减少吸气管的有害过热和降低压缩机吸入液体的可能性（这些不是主要的，也可用加强吸气管隔热和设气液分离器的办法解决）。一些制冷装置采用回热循环不能提高 Q_0、ε；而有的制冷装置所用工况的排气温度较高，采用回热循环会使吸、排气和滑油的温度更加偏高，增加吸气预热损失，并降低滑油密封、润滑性能和使用寿命，因而不宜采用回热循环。

有的排气温度不高的冷剂，例如 R404A，其放热系数较大，可采用回热循环提高吸气温度，以便减少有害过热和防止吸入管结露引起腐蚀。

（3）采用蒸发式过冷器的过冷循环

若制冷装置液管压降较大，需提高液体过冷度，又要防止吸、排气和滑油温度过高，可采用蒸发式过冷器的制冷装置，其装置简图如图 4-3 所示。

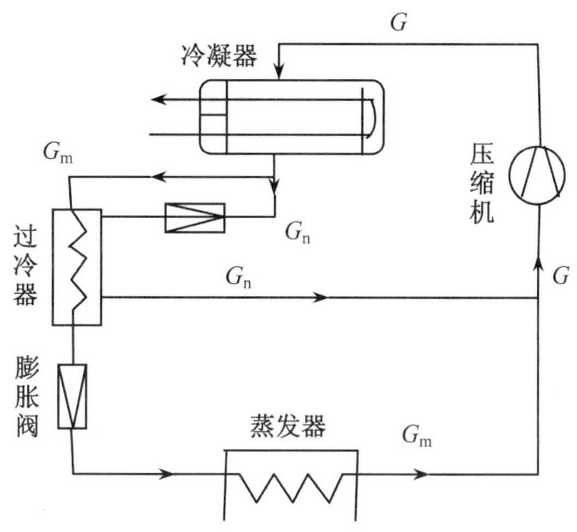

图 4-3　采用蒸发式过冷器的制冷装置

采用蒸发式过冷器与不用过冷器的活塞式压缩机制冷装置相比，单位制冷量不变，单位压缩功和制冷系数也不变。

四、制冷剂和冷冻机油

1. 制冷剂

制冷剂是制冷装置用来完成制冷循环的工质。近几十年来船上普遍使用的冷剂是氟利昂（Freon），它是卤代烃的商品名。冷剂氟利昂的制作是将甲烷（CH_4）或乙烷（C_2H_6）中的氢原子用卤素氟（F）、氯（Cl）原子全部或部分取代而成。由甲烷制成的用 RXX 表示，由乙烷制成的用 R1XX 表示；若有分子式相同的异构体在后面加 a、b、c 等。

在距地球表面 15~60 km 的大气层中臭氧含量相对较高，此臭氧层能将太阳辐射至地面的绝大部分紫外线吸收。科学研究发现，有些含氯的氟利昂在地表外的大气中很难分解，升至高空臭氧层后，在强烈的紫外线作用下释放出氯离子，会起催化作用而大量损耗臭氧，形成臭氧空洞，使到达地面的紫外线显著增强，对人类健康和农作物、海洋浮游生物的生长不利，并引起气候异常。这种分解臭氧的能力通常用臭氧耗损潜值（ODP）来衡量，它是以 R11 为基准，将其 ODP 值定为 1 而得出的相对指标。

另外，CO_2 和大部分冷剂及某些其他气体还有“温室效应”，即能吸收到达地面后又被反射的太阳射线，再辐射加热地面空气，从而使全球变暖，对人类生存环境产生不利影响。“全球变暖潜值”GWP 是衡量物质温室效应大小的相对指标，常以 CO_2（也有用 R11 的）为比较基准，定其 GWP 值为 1。氟利昂的 GWP 值是 CO_2 的几千倍，但其耗量少得多，对全球变暖的相对影响不足 1%，随着世界各国制冷剂使用量的不断增大，这种影响也绝不可忽视。

CFCS 表示不含氢的氯氟烃，ODP 值高，按国际协议已自 1996 年（发展中国家推迟至 2010 年）起禁用。HCFCS 表示含氢氯氟烃，ODP 值较低，按协议属第二批受控物质，2020 年（发展中国家 2030 年）起禁用，欧盟已提前至 2015 年禁用，而 R22 在德、意等国 2000 年已禁用。HFCS 表示无氯的含氢氟化烃，ODP = 0，未限制使用。

共沸冷剂是由两种氟利昂按一定比例合成的共沸混合物，用 R5XX 表示。这类冷剂在汽化或液化的相变过程中，液、气相物质组分的质量分数始终不变；相变压力既定，则相变温度始终不变，彼此有既定的相应关系，就和单一物质一样。

共沸冷剂的标准沸点比组成它的纯冷剂都低，因此，可用在蒸发温度要求较低的制冷装置中；若蒸发温度既定，采用共沸冷剂的吸气压力比采用纯冷剂高，密度更大，故单位容积制冷量更大。但现在研发的共沸冷剂只在部分国家使用。

非共沸冷剂现今也是由两种以上氟利昂按一定的质量比混合而成，它的编号是 R4XX，若组分相同而各组分质量分数不同，则后面加 A、B、C……区分。这类冷剂在既定压力下相变时，各组分在气相和液相中的质量分数不同，且一直在变化，相变温度也在改变。汽化开始和结束（即液化结束和开始）的温度分别称泡点和露点，两者温度差称温度漂移。使用非共沸冷剂的系统如果在只有气体（例如吸、排气管）或只有液体（例如液管）处发生漏泄，系统中冷剂组分的质量比不会改变。但在停机期间或工作时在冷剂同时存在气、液相的地方（冷凝器、蒸发器），如果发生气体或液体漏泄，则系统中冷剂组分的质量比就会改变，装置的性能（制冷量和效率等）就会有某种程度的变化。

如果定压相变过程温度漂移小（小于 1 ℃），则称为近共沸混合物，其气、液相中各组分的质量分数相近。实验证明，使用近共沸冷剂的装置即使多次漏泄和补充冷剂，性能几乎不变。

下面介绍船舶制冷装置使用的冷剂，它们的主要热力参数和物理参数如表 4-1 所示。

表 4-1　制冷剂的主要热力和物理参数

制冷剂	R22	R134a	R404A	R407C	R410A
分子式或组分	$CHClF_2$	CH_2FCF_3	R125/143a/134a (44/52/4)	R32/125/134a (23/25/52)	R32/125(50/50)
相对分子质量	86.47	102.03	97.60	86.20	72.58
标准沸点 温度漂移/℃	−40.80	−26.070	−46.48/0.78	−43.8/7.08	−51.6/0.05
p_k(30 ℃) p_0(−15 ℃)/MPa	1.20/0.297 = 4.05	0.771/0.164 = 4.7	1.415/0.363 = 3.9	1.175/0.264 = 4.45	1.897/0.484 = 3.92
等熵压缩排气 温度/℃(低温工况)	90	75	70	80	94
临界温度 t_c/℃ 临界压力 p_c/MPa	96.1 4.98	101.1 4.06	72.1 3.74	87.3 4.63	72.5 4.95
密度(24 ℃) 液/气/(kg/m³)	1194.6/43.03	1 210.5/31.38	1 050/62.21	1 140/39.18	1 070/63.29
热导率(24 ℃) 液/气/[mW/(m·K)]	84.1/11.30	81.6/13.72	67.9/16.0 (1.2 MPa)	89.9/14.90 (1.2 MPa)	107.3/13.92 (1.2 MPa)
黏度(24℃) 液/气/(μPa·s)	167.7/12.63	200.4/11.76	130.0/12.34 (1.2 MPa)	152.1/13.0 (1.2 MPa)	140.3/13.06 (1.2 MPa)
ODP	0.034	0	0	0	0
GWP	1 700	1 300	3 800	1 700	2 000

(1)R22(二氟一氯甲烷 $CHClF_2$)

标准沸点-40.8 ℃,排气压力适中,适合船舶冷库和空调制冷装置使用,是前些年船上使用较广泛的冷剂。它属 HCFCS,今后需由新的冷剂取代。它无毒、不燃、不爆,单独存在时即使温度超过 500 ℃仍然稳定。R22 使用中应注意以下问题:

①与明火接触时(800 ℃以上)会分解产生微量有毒的光气,故应避免接触明火。它易漏又不易察觉;因比空气密度大得多故不易散发,若在狭窄闭塞空间内装置严重漏泄以致在空气中浓度太大,人停留过久会缺氧窒息。此外,操作过程中应严防其液体溅到人体,以免造成冻伤。

②微溶于水。水在液态的 R22 中的溶解度 30%为 1 470 mg/kg,-30 ℃时为 180 mg/kg。R22 含水时会慢慢发生水解反应生成酸,会腐蚀金属、油位镜和封闭式、半封闭式压缩机的电机绕组,并使滑油变质生成沉淀,为此 R22 允许的含水量应小于 60 mg/kg。另外,含水较多时若经过膨胀阀后降温至 0 ℃以下,水的溶解度急剧下降,游离出来的水就会结冰,在流道狭窄处形成"冰塞",严重妨碍制冷工作正常进行。

③条件性溶油。在温度高于 8 ℃的场合(如曲轴箱、冷凝器、液管)R22 与冷冻机油互溶性强,温度低于-8 ℃互溶性则急剧降低。因此,流过膨胀阀降压降温后,溶有少量 R22 的滑油和溶有微量油的 R22 液体会形成分层。

滑油因与冷剂互溶可随之被带到压缩机各摩擦部位,有助于润滑;同时不会在冷凝器换热面上形成妨碍换热的油膜。但带来的问题是若长时间停用前未将曲轴箱抽空并关排气阀,则高压侧冷剂漏入曲轴箱会溶入滑油中较多,下次起动时曲轴箱压力迅速降低,油中就会因逸出许多氟利昂气泡而涌起,俗称"奔油",会使油泵建立不起油压,甚至油被吸入气缸产生"液击"。冷剂溶入滑油还会使油黏度降低,故氟利昂制冷装置应选用黏度较高的滑油。

若冷凝器中的氟利昂液体溶解滑油太多,则氟利昂液体进入蒸发器后多少会妨碍蒸发,使蒸发压力降低,制冷量减少,而且在膨胀阀后滑油和冷剂会分层,因此在设计、安装蒸发器和吸气管时,应特别考虑保证足够高的流速及吸气管适当向压缩机倾斜,以利于随冷剂进入系统的滑油返回压缩机。

④R22 会使天然橡胶浸润膨胀,需要时应选用丁基橡胶或氯丁橡胶。此外,还会腐蚀镁和含镁超过 2%的合金。

⑤电绝缘性较差,而且会使聚乙烯纤维变软,引起绝缘电阻下降。R22 的封闭、半封闭式压缩机的电机绝缘需用丙烯腈树脂。

⑥渗漏性很强,对装置的气密性要求高。

(2)R134a(四氟乙烷 CH2FCF3)

它属于 HFCS,ODP=0,是 R12 的代用品。其单位容积(流量)制冷量 q_v 与 R12 相近,制冷量相同时压缩机的容积流量比用 R22 须大 50%以上,较适合螺杆式、离心式压缩机。它的排气温度较低;标准沸点-26.5 ℃,用于伙食冷库制冷不够低,可用于空调制冷装置。

它在应用方面有以下特点:①分子较小,渗漏性很强,因不含氯而不能用电子检漏灯检漏,可使用电子检漏仪。②溶解水的能力比 R22 低。所用干燥剂为避免吸附 R134a 分子,要求孔隙更小,不宜用硅胶,应采用分子筛 XH-7、XH-9 等。③会使普通橡胶浸润膨胀,应选用氢化丁腈橡胶或氯丁橡胶。④与矿物油不相溶,应采用脂类油 POE,某些场合也有用聚二醇类油 PAG,这些滑油价格都比较高,POE 吸水性约为矿物油的 10 倍,PAG 约为 100 倍,使用和保管时应特别注意防潮。

(3)R404A

R404A 是组分为 R125/143a/134a(44/52/4)的 HFCS 近共沸混合物,标准大气压的泡/露点是-46.48 ℃/-45.71 ℃,现有的船舶伙食冷库和空调制冷装置已多有采用。R404A 的工作压力比 R22 高约 20%,排气温度较低,制冷量相对稍高些,性能系数 COP(压缩机单位轴功率的制冷量)要低百分之十几。其装置应采用脂类油 POE,并以分子筛 XH-10 或 XH-11 为干燥剂。

(4)R407C

R407C 是组分为 R32/125/134a(23/25/52)的 HFCS 非共沸混合物,标准大气压的泡/露点是-43.79 ℃/-36.71 ℃。在船上已有在制冷装置中用 R407C 替换 R22 的,与 R22 相比在同温度下工作压力高 10%左右,排气温度稍低,制冷量接近,不做优化匹配,则 COP 比 R22 的装置稍低(降低不超过 10%)。因在相变时有约 7 ℃的温度漂移,若采用逆流式换热器制冷量可比用普通换热器提高 2%~6%,COP 值可提高 5%~6%。

R407C 是非共沸混合物,设计和管理其装置时应尽量防止冷剂漏泄,补充冷剂时应以液态充注。实践证明漏泄量小于 20%时对装置性能影响不大。其装置应采用脂类油 POE,并以分子筛 XH-10 或 XH-11 为干燥剂。

(5)R410A

R410A 是组分为 R32/125(50/50)的 HFCS 近共沸混合物,标准大气压的泡/露点是-51.57 ℃/-51.52 ℃,相变温度漂移可以忽略,能替代 R22,相比之下排气温度略高,传热性能较好,液体流动阻力较低,制冷量可为 R22 的 1.4~1.5 倍,COP 略低(降低不超过 8%);但其工作压力比 R22 约高 60%,压缩机和管路、设备需专做相应的设计,目前尚未用于船舶制冷装置。使用这种冷剂的装置也应采用脂类油 POE 和分子筛 XH-10 或 XH-11 作干燥剂。

2. 冷冻机油

合理选用制冷压缩机的润滑油(冷冻机油)是保证压缩机安全、高效运转和延长压缩机使用寿命的重要条件。冷冻机油的作用是:润滑、密封(渗入运动部件密封间隙,阻碍冷剂泄漏)、冷却(带走摩擦热、降低排气温度),有的还用来控制卸载和作为容量调节机构。

(1)冷冻机油应满足的主要要求

压缩机的制冷工况和所用冷剂不同,则选用的冷冻机油也不同。冷冻机油应满足的主要要求如下:

①倾点(油能流动的最低温度,比凝固点高 2~3 ℃)应低于最低蒸发温度。冷冻机油会被冷剂带入蒸发器,为了能被冷剂带回压缩机,在低温下保持良好的流动性很重要。

②闪点应比最高排气温度高 15~30 ℃,以免引起滑油结焦变质。

③应根据蒸发温度和排气温度选用适当的黏度。制冷压缩机轴承负荷不高,黏度容易满足润滑的要求,而主要应满足密封要求。黏度过低,则活塞环与缸壁间的油膜容易被气体冲掉。氟利昂在较高温度大多易溶于油,溶入 5%就会使油的黏度降低一半,所以氟利昂压缩机所用冷冻机油黏度应适当高些。黏度高的油分子链较长,倾点和闪点相对也会高些。

④含水量要低。这是为了避免在低温通道处引起“冰塞”和防止腐蚀金属。含水的润滑油与氟利昂的混合物还会溶解铜,而与钢铁部件接触时,铜又会析出形成铜膜,称为“镀铜”现象,会妨碍压缩机正常运行。

⑤化学稳定性和与所用材料(如橡胶、分子筛等)的相溶性要好。如果油在高温下受金属材料催化而分解,会产生积炭和酸性腐蚀物质。

⑥用于封闭式和半封闭式压缩机时电绝缘性要好。电击穿强度一般要求在 10 kV/cm 以上。油中有杂质会降低电绝缘性能。

其他对冷冻机油的要求还包括酸值和腐蚀性低、氧化安定性好、机械杂质和灰分少等。

(2)冷冻机油的品种

GB/T 16632—1996 将国产冷冻机油(精制矿物油或合成烃)分为一等品 L-DRA/A、L-DRA/B 和优等品 L-DRB/A、L-DRB/B 四类。一等品适用于蒸发温度在-40 ℃以上的开启式和半封闭式压缩机。其中 A 类适用冷剂是氨,B 类适用 CFCS 和 HCFCS。优等品适用于 CFCS 和 HCFCS 全封闭式压缩机,最低蒸发温度可至-40 ℃以下。每类又按 40 ℃的运动黏度等级分为 5~9 个等级,与国际标准 ISO 接轨。换用国外油公司的冷冻机油时,应采用相同的黏度等级,并核查其重要的性能指标。

R134a 不溶于矿物油或合成烃油,使用它或含同样性质组分的混合工质冷剂时,应选用酯类油或聚醚油。前者以多元醇酯(POE)综合性能较好;后者以环氧乙炔环氧丙烷共聚醚(PAG)的综合性能较合适。它们都需要加入抗氧化剂提高热氧化安定性。

五、制冷压缩机

制冷压缩机是制冷装置中的重要组成部分,对装置的制冷量、性能系数和使用寿命有决定性的影响。制冷压缩机有活塞式、螺杆式、离心式等不同类型。

活塞式制冷压缩机使用最广泛,其制造、管理和维修的经验都比较成熟。因其流量受转速限制,只用于 Q_0<200 kW 的中、小制冷量范围,是船舶制冷装置采用的主要机型。

螺杆式压缩机转速高,输气量较大,过去适用于制冷量 Q_0 的范围是 150~1 500 kW,在船上主要用于冷藏舱制冷装置,近年来经不断改进,Q_0 已可达 50 kW 以下。其价格虽比活塞式高,性能系数一般也比活塞式低,但单位制冷量的尺寸较小,重量较轻,易损件少,工作寿命长,维护简单,故在有些大型船舶的空调装置中已取代活塞式压缩机。

本节只介绍活塞式和螺杆式两种制冷压缩机。

1. 活塞式制冷压缩机

船用活塞式制冷压缩机多为单级多(2、3、4、6、8)缸。按气缸中心线布置方式分为立式、V 形、W 形、S(扇)形。按壳体结构又可分为:

开启式——压缩机曲轴通过轴封伸出机体之外,再由原动机驱动。较大的压缩机通常都采用开启式。轴封或多或少会有制冷剂泄漏。我国 GB/T 10079—2001《活塞式单级制冷压缩机》规定的开启式压缩机缸径有 100 mm、125 mm、170 mm。

半封闭式——电动机和压缩机共用一根主轴,装在同一机体内,没有轴封;有可拆卸的缸盖、端盖以便换修气阀、油泵等易损件,采用垫片静密封,使制冷剂泄漏机会显著减少。其电动机可由制冷剂吸气冷却,所用绝缘材料等必须耐油、耐制冷剂。我国国标规定的半封闭压缩机缸径小于等于 70 mm。

全封闭式——采用同一主轴的电动机和压缩机装在一个焊死的薄壁机壳内,没有任何可拆卸的部件。这种压缩机要求可靠性高、使用寿命长,同时也要求系统清洁、密封好,在使用期内一般可免维修。全封闭压缩机主要用于冰箱、小型空调装置等。

GB/T 10079—2001 规定的我国活塞式制冷压缩机的型号表示方法,以 810F70G 为例说明如下:前面数字表示缸数 8 和缸径 10(cm),F 表示制冷剂用氟利昂(A 表示氨),后面数字表示行程 70(mm),G 表示高冷凝压力(低冷凝压力不用文字表示)。

图 4-4 所示为最简单的单缸立式活塞式制冷压缩机。它主要由机体、活塞、曲轴、连杆、吸气阀、排气阀、气缸、气缸盖等组成。但根据具体结构、气缸位置排列、制冷剂进出方向、气缸直径、气缸数、压缩级数及采用的制冷剂等不同,可以分成许多类型。目前中、小型压缩机多采用小缸径、多缸、V 形或扇形布置。这不但可以改善压缩机的运转平衡性能,使其结构紧凑,而且可以用同缸径不同缸数的压缩机来满足对制冷量的不同要求。

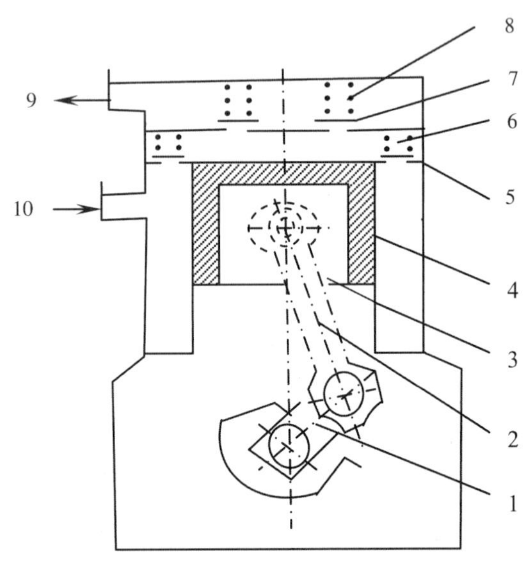

图 4-4　活塞式压缩机结构简图

1—曲轴;2—连杆;3—活塞;4—气缸;5—吸气阀;6—吸气阀弹簧;7—排气阀;8—排气阀弹簧;9—排出管;10—吸入管

2. 双螺杆式制冷压缩机

双螺杆式压缩机的主要运动部件是设在机体气缸内的一对互相啮合的螺旋式转子。其中齿凸起的称阳转子,齿槽凹进的称阴转子,齿数多为 4∶6、5∶6 或 5∶7。一般阳转子是主动转子,工作时阴转子被所压缩的气体驱动反向旋转,而不是靠阳转子机械接触所驱动。

两转子的每一对相通的齿槽和与转子贴合的缸壁圆柱面及两头端盖之间形成的容积称为基元容积,其容积和位置随转子转动而变化。双螺杆压缩机的吸、排气口通常各包括两部分,如图 4-5 所示。在吸气端盖上有占据大部分圆弧的轴向吸气口;同时缸壁内侧上部有凹进形成的三角形径向吸气口。转子另一头排气端盖的斜下方有较小的轴向排气口。

图 4-6 示出螺杆式压缩机的工作原理图。其中(a)、(b)为一对转子从吸气端向下看的俯视图。在左侧吸气端,两转子的齿分别从对方的齿槽中逐渐退出,刚形成的基元容积与轴向和径向的吸气口相通,随转子转动而容积不断增大,吸入气体。图(c)、(d)、(e)、(f)为一对转子从吸气端向上看的仰视图。其中(c)表示带剖面线的基元容积与吸气口脱离,吸气结束。转子继续转动,则阴、阳转子另外的齿开始挤进彼此的齿槽[图(d)],使该基元容积不断缩小,其

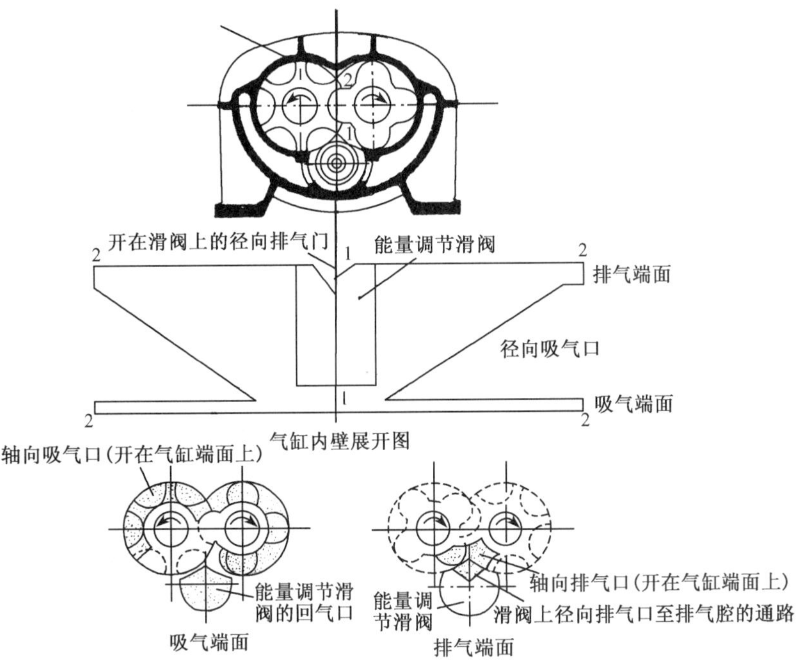

图 4-5　螺杆式压缩机的吸、排气口

中气体被压缩。当该基元容积和排气口相通时,压缩结束,排气开始[图(f)],直至排尽。在工作过程中,形成的每个基元容积都要相继经历吸气、压缩、排气三个过程,只是在同一时刻,各基元容积处于不同的阶段而已。

六、船舶制冷装置的管理

1. 制冷装置的验收

新装或大修后的制冷装置应该对系统做气密试验,然后抽空系统。而为了检查冷库的保温性能,应对其做温度回升试验。

(1) 系统气密试验

气密试验一般用瓶装氮气或干空气进行,严禁使用氧气及危险性气体等。各国船舶检验部门规定的气密试验压力不同。我国《钢质海船入级规范》规定货物冷藏的制冷装置气密试验压力为设计压力,参见表 4-2。伙食冷库和空调制冷装置可参照执行。

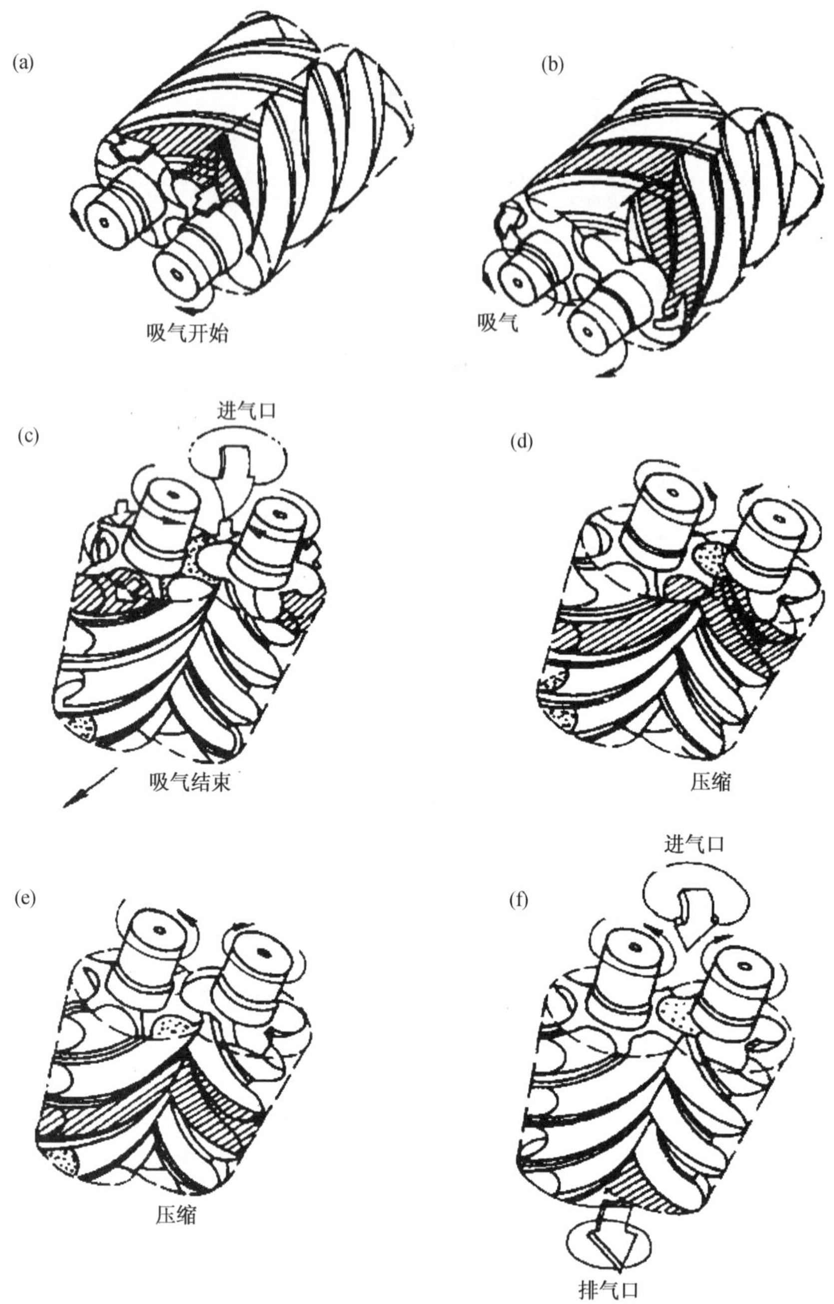

图 4-6　螺杆式压缩机的工作原理图

表 4-2　有机制冷剂压缩机的设计使用范围

类型	吸入压力饱和温度/℃	排出压力饱和温度/℃		压缩比
		高冷凝压力	低冷凝压力	
高温	-15~12.5	25~60	25~50	≤6
中温	-25~0	25~55	25~50	≤16
低温	-40~-12.5	25~50	25~45	≤18

(2)抽空系统

制冷系统经气密试验后，应将系统内残存气体的压力抽到尽可能低，并予保持，使系统中的水分在高真空条件下蒸发，反复抽气以除去水分。

(3)冷库温度回升试验

新建的制冷装置能正常工作后，应对冷库进行温度回升试验：先将库温降至设计温度，然后保温运行至少 12 h，总试验时间不少于 24 h(让隔热结构充分冷却)，最后停机测温度回升情况，以了解冷库隔热性能是否满足要求。

2. 制冷装置的日常操作

(1)充加制冷剂

系统经气密试验和抽空干燥后即可充加制冷剂。

(2)取出制冷剂

如果系统中充剂过多，液态制冷剂可能过多地浸没冷凝器冷却水管，会使冷凝压力升高，这就需要取出部分制冷剂。有时因装置需要大修或准备长期停用，可能需要取出全部制冷剂。

(3)检漏

氟利昂无色、无味、渗漏性强，应定期对装置进行检漏。制冷装置初次投入使用或拆卸检修之后，或系统中制冷剂减少较快时，应及时检漏。漏泄主要发生在系统中各设备的连接处、阀杆填料处和压缩机轴封等部位，必要时冷凝器和安全阀也要检查。氟利昂装置常用检漏方法有以下几种：

①皂液检漏

查漏用的皂液可用洗衣粉调制，并可在其中加几滴甘油，使泡沫不易破裂；也可用稀释的洗发精代替。这种方法不适用于温度低于 0 ℃的部位，对低压管路和微漏也不太有效。

②油迹示漏

氟利昂与滑油互溶，只要常使装置各部分保持清洁，一旦出现油迹，则表明该处有漏。

③检漏灯检漏

卤素检漏灯的工作原理是：空气不含氟利昂时检漏灯的火焰呈淡蓝色。而当空气中氯元素的氟利昂超过 5%~10%并与炽热的铜接触时，氟利昂就会分解产生氯元素，并与铜发生化学反应，生成的化合物使火焰变绿。随着空气中含氯氟利昂浓度的增大，火焰的颜色将由浅绿变为深绿以至亮蓝色，甚至熄灭。

④电子检漏仪检漏

电子检漏仪是利用使气体电离后测其导电性的原理工作的。这种检漏仪对卤素的检漏灵敏度很高(能查出 0.3~0.5 克/年的微漏)，反应速度快(1 s)，重量轻且携带方便。

(4)滑油的更换和添加

①换油

制冷压缩机应按说明书规定的周期换油。如果发现滑油老化、污浊、变黑或黏度下降15%以上时即应换油。

②补油

压缩机添补滑油时应注意不可混入不同牌号的油和防止空气进入系统。补油方法因压缩机结构而异。

(5)排除不凝性气体

系统中的不凝性气体一般是操作不当时从外界进入的空气。存在不凝性气体会妨碍传热,使排气的压力和温度升高,增加压缩机功耗,降低制冷量,缩短滑油使用寿命,故须设法排除。

(6)融霜

若制冷蒸发器管外壁温度低于0 ℃,空气中的水蒸气就会在其表面结霜。霜层热导率低,蒸发器结霜后吸热能力显著变差,蒸发量减少,蒸发压力和蒸发温度就会降低,导致装置制冷量减小,性能系数下降;冷风机霜层较厚还会堵塞肋片间通道,使通风量减少,影响更严重。故蒸发器的霜层达到一定厚度后(盘管霜厚一般不宜超过3 mm)应融霜。融霜的常用方法如下:

①电热融霜

电热融霜是利用电加热器加热蒸发器来融霜,仅适用于冷风机式蒸发器。这种方法无须增设管系,容易实现自动控制,操作简单,广泛用于伙食冷库制冷装置;缺点是要消耗电能。

②热气融霜

热气融霜是将压缩机排出的温度较高的冷剂蒸气引入要融霜的蒸发器冷凝放热,融化其表面的霜层。热气融霜比电热融霜节能,对蒸发盘管和冷风机都适用,但操作较麻烦,实现自动化不太方便。热气融霜按热气流向分为顺流式和逆流式两种。

3. 制冷装置常见故障

制冷装置的故障有许多种形式,每种故障可能由各种不同的原因导致,下面仅介绍制冷装置常见故障。

(1)冰塞

制冷系统中氟利昂含水较多时,若节流降压后温度降到0 ℃以下,水的溶解度显著降低,即会析出而结冰,在流道狭窄处形成"冰塞"。膨胀阀是节流降压元件,阀孔通道狭窄,最容易发生冰塞。有时液管上滤器脏堵,或膨胀阀前后的阀开度不足等,也可能节流而导致冰塞。

(2)排气压力或排气温度过高

排气压力过高会使压缩机的输气系数减小,装置的制冷量和制冷系数降低;还会使排气和滑油温度升高;严重时高压控制器会停车。通常R22制冷压缩机排气温度应低于120 ℃,滑油温度高于70 ℃(开启式)或80 ℃(半封闭式)。

(3)吸气压力过低

既定制冷装置的吸气压力过低会使制冷量和制冷系数降低,严重时还会使冷库温度未达下限、电磁阀未关而低压控制器即停车。

(4)压缩机不停运转,制冷效果仍达不到要求

冷藏舱或空调制冷装置的压缩机一般都有容量调节装置,使用期间通常是不停运转的。伙食冷库制冷装置一般设计成每天工作不超过 16~20 h。如果压缩机长时间运转仍不能将库温或空调舱室温度降到设计温度,则不正常。

(5)压缩机起停频繁

不设容量调节的伙食冰机,一般以每小时起停不超过四次为宜。频繁起停会影响设备和电路的可靠性,还可能使油压差控制器的加热元件或电路过载热保护元件过热而停车,以致压缩机不能再自动起动。如果库温未达要求而频繁起停,势必影响制冷效果。

(6)压缩机起动不久就停,或无法起动

根据压缩机控制电路可以找出压缩机的电机停转和无法起动的原因。第一种情况是高压控制器断电(未手动复位则无法起动);第二种情况是低压控制器断电。

第二节 船舶空气调节装置

大多数船舶在营运过程中,将航行于各个海域,气象条件复杂多变。为了能给船上人员提供舒适的工作和生活环境,现代船舶通常都设有空气调节系统(简称空调)。

一、对船舶空调的要求

船舶空调大多是为满足人们对工作和生活环境舒适和卫生的要求,属于舒适性空调。它与某些生产场所为满足工艺或精密仪器的要求所用的恒温恒湿空调不同,对温度、湿度等空气条件的要求并不十分严格,允许空气参数在稍大的范围内变动。

船舶空调装置应在舱外空气条件不超过规定参数时,使室内空气符合以下几方面的要求。

1. 温度

空调使人舒适与否,最重要的是能否在一般衣着条件下,自然地保持身体的热平衡,其中影响最大的是空气温度。在湿度适中和空气稍有流动的条件下,一般人在通常衣着时感到舒适的空气温度是:冬季 19~24 ℃,夏季 21~28 ℃。从节能考虑,空调设计参数可偏近舒适范围的上限。我国 GB/T 13409—92《船舶起居处所空气调节与通风设计参数和计算方法》中规定无限航区船舶空调舱室的设计标准是:冬季舱内温度为 22 ℃;夏季舱内温度为 27 ℃;舱内地板以上 1.8 m 内及距四壁 0.15 m 以上的中间空间内,各处温差不超过 2 ℃。此外,夏季人进出舱室一般不加减衣着,为防止感冒,舱内外温差不宜超过 6~10 ℃。

2. 湿度

人对空气的湿度不十分敏感。相对湿度以 50%左右为宜,而在 30%~70%的范围内都不会明显感到不适。但如果湿度太低,会因呼吸时失水过多而感到口干舌燥;而湿度太高,则汗液难以蒸发,容易感到闷热。冬季靠喷水蒸气或喷水加湿,舱内湿度设计值通常取 50%;实际可控制在 30%~40%范围内,以便减少淡水耗量,并防止与室外低温空气接触的舱壁结露。夏季空调靠冷却除湿,舱内湿度可按(50±5)%设计,实际保持在 40%~60%范围内即可。

空调设计中所设定的舱外气候条件关系到空调装置负荷的大小，对装置的尺寸和造价有较大的影响。考虑到经济性，设计船舶空调时一般不以极端的气候条件为依据。我国所定的无限航区船舶空调设计的舱外条件是：冬季-20 ℃；夏季+35 ℃，相对湿度 70%。

3. 清新程度

空气清新是指空气清洁（含粉尘和有害气体少）和新鲜（有足够的含氧量）。如果只为满足人呼吸氧气的需要，新鲜空气的最低供给量每人 2.4 m^3/h 即可；然而要使空气中二氧化碳、烟气等有害气体的浓度符合卫生要求，则新风量就要多得多。前述国标规定每人所需新鲜空气量（m^3/h）是：28（船员舱室按定员计），20~25（办公室按 2~4 人计，公共舱室按座位计），30（娱乐室按 4 人计），或不小于空调总风量的 40%（有限航区）~50%（无限航区），以上两种算法中取所得数值较大者。

4. 气流速度

在室内人的活动区域，要求空气有轻微的流动，以使室内温度、湿度均匀和人不感到气闷。室内气流速度以 0.15~0.20 m/s 为宜，最大不超过 0.35 m/s。

此外，距室内空调出风口 1 m 处测试的噪声应不大于 55 dB。

二、船舶空调装置概况

船舶空调装置一般都是将空气集中处理后再分送到各个舱室，称为集中式空调装置或中央空调；有的船舶空调装置还能将集中处理后送往各舱室的空气进行分区处理或舱室单独处理，称为半集中式；某些特殊舱室，例如机舱集控室，因热负荷与一般舱室相差太大，需单独设专用的空调器，称为独立式空调装置。

图 4-7 给出船舶集中式空调装置的示意图。通风机 7 由吸口 6 吸入外界空气（称为新风），同时也从通走廊的吸口 4 吸入一部分空气（称为回风），二者混合后在中央空调器 1 中经过过滤，然后加热、加湿，或冷却、除湿，达到要求的温度和湿度，最后送入若干并列的主风管 2，再经各支风管分送到各舱室的布风器 3，对舱室送风。而舱室中的空气则通过房门下部的格栅流入卫生间（若有的话）及走廊，走廊中的空气部分作为回风又被空调器吸入，其余排往舱外。

可能有不卫生气体或有异味气体产生的舱室（例如厕所、浴室、医务室、病房、公共活动舱室、餐厅、厨房等），应设机械排风系统，由排风机 5 将空气排至舱外，以保持舱内负压，避免这些舱室的气味散发到走廊和其他舱室。较大客船的走廊也应机械排风。舱容小而自然排风条件好的处所，可以采用自然排风。

排风舱室的进风，可由空调舱室的空气流入（例如船员舱室卫生间）以保持一定的空调效果，或以通风机直接送入新鲜空气（例如厨房），或靠空调送风系统直接送风（例如餐厅、公共活动舱室、医务室、病房）。医务室、病房的送风管应装止回风板。

独用的厕所、浴室最小换气次数为每日 10 次；公用的厕所、浴室、洗衣间等最小换气次数为每日 15 次。医务室、病房若设独立排风系统，其设计排风量应比空调送风量大 20%；而餐厅的排风量应等于空调送风量。空调区域内各排风系统所排除的空调空气量之和，不能超过区域内送入新风量的 80%，并连同其回风量一起，不能超过区域内空调送风量的 90%，以保持空调区域的空气正压。而排风量相对新风量太少的空调系统，则空调区域的适当处需设自然排

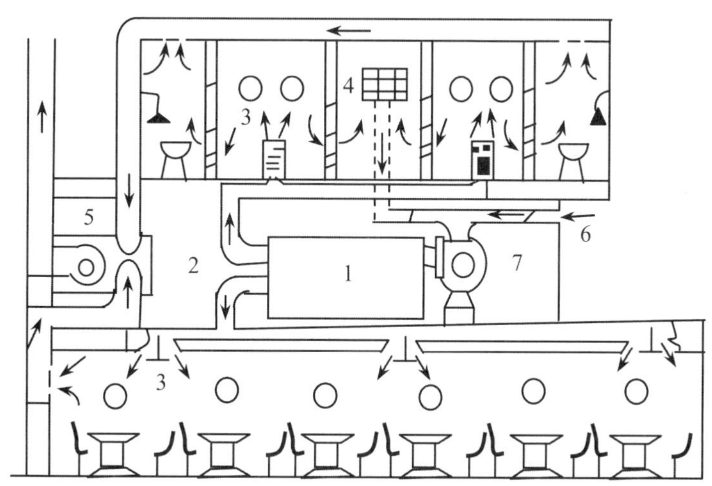

图 4-7　船舶集中式空调装置示意图

1—中央空调器;2—主风管;3—布风器;4—回风吸口;5—排风机;6—新风吸口;7—通风机

风口,以使区域内的空气正压不致过高。

三、船舶空调系统及设备

集中式和半集中式船舶空调装置的空调系统主要有以下几种形式:

1. 集中式单风管系统

在这种系统中,送风由中央空调器统一处理,然后通过单风管送到各个舱室,如图 4-8 所示。由于各舱室的送风参数相同,所以对各舱室空气参数的个别调节就只能靠改变布风器风门的开度,即改变送风量来实现。

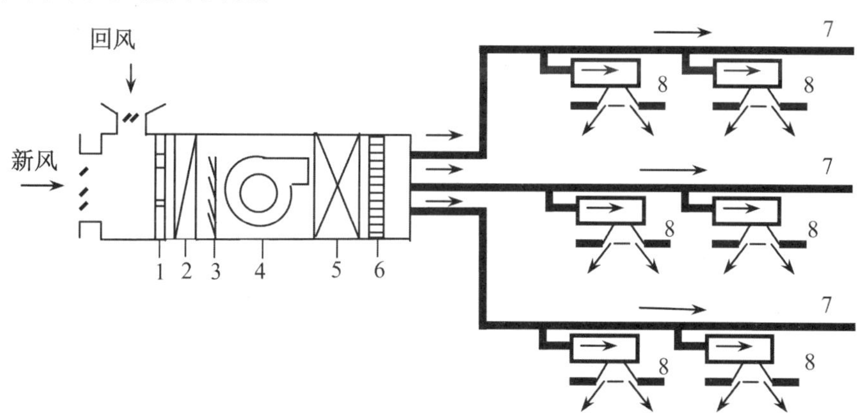

图 4-8　集中式单风管空调系统简图

1—空气滤器;2—空气加热器;3—加湿器;4—风机;5—空气冷却器;6—挡水器;7—主风管;8—布风器

这种系统比较简单,初装费较低,在货船上用得很普遍。但因采用变量调节,调节幅度不宜过大,否则难以保证舱室的新风供给量和室内空气参数均匀;此外,调节时还会对其他舱室的送风量产生干扰。

2. 分区再热式单风管系统

这种系统是将中央空调器统一处理后的空气,由设在空调器分配室的各隔离室内或主风管内的再热器进行再加热,然后再用单风管送至各空调舱室。这种系统冬季采用较小的送风温差,对损失热量较小的舱室可少进行或不进行再加热,故一般不需要将送风量过分调小。虽然对舱室进一步调节仍要靠变量调节,但所需调节幅度明显减小,不会影响新风需要量和室温均匀。这种系统允许将热湿比相差较大的舱室列入同一空调区。

3. 末端再热式单风管系统

这种系统除在中央空调器中对送风做统一处理外,还在各舱室的布风器内设电加热器。冬季气温大于 5 ℃时,只需靠调节电加热器改变舱室的送风温度;当气温小于 5 ℃时,空调器先将送风加热到能满足热损失较小的舱室对室温的要求即可,一般小于 30 ℃,热损失大的舱室可用布风器中的电加热器补充加热,进行变质调节。夏季则只能做变量调节。

这种方法设备费用增加不多,管理也较简单,适合那些常在高纬度海域航行的货船。

4. 双风管系统

这种系统如图 4-9 所示,中央空调器由前、后两部分组成,进风经空调器前部预处理(冬季经预热器 3 加热;夏季即自然风)后,即经中间分配室送至舱室布风器,称为一级送风;其余空气则经空调器后部再处理(冬季经再热器 8 再加热、加湿器 4 加湿;夏季经冷却器 7 冷却除湿)后,经后分配室送至舱室布风器,称为二级送风。这种系统能向舱室同时供给温度不同的两种空气,通过调节布风器两个风门的开度,改变两种送风的混合比,即可调节舱室温度,冬、夏季都可变质调节。

双风管空调系统虽然空调器和风管的重量和尺寸较大,但调节灵敏,不影响新风送风量和室内风速、温度的均匀性,较多用于对空调性能要求高的客船。

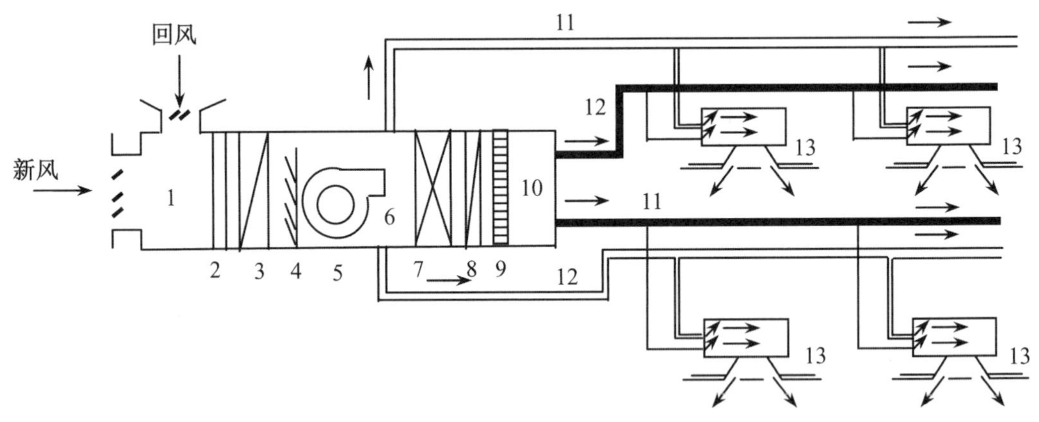

图 4-9　双风管空调系统简图

1—进风混合室;2—空气滤器;3—空气预热器;4—加湿器;5—风机;6—中间分配室;7—空气冷却器;8—空气再热器;9—挡水器;10—后分配室;11——级送风管;12—二级送风管;13—布风器

本章思考题

1. 压缩制冷装置的基本组成部件有哪些？
2. 活塞式制冷压缩机有哪几种类型？
3. 制冷装置检漏方法有哪些？
4. 制冷装置常见故障有哪些表现形式？
5. 船用集中式空调器主要有哪些作用？

第五章　船舶辅锅炉及造水装置

锅炉是船舶动力装置的重要组成部分,其通过燃料(一般为燃油)的燃烧把化学能转化为热能,使炉内的水变成蒸汽(或热水)。在以蒸汽轮机为主机的船上,锅炉产生的过热蒸汽用于驱动船舶,故称其为主锅炉,这种形式在普通商船上已经很少采用;而在以柴油机为主机的船上,锅炉产生的饱和蒸汽仅用于加热燃油、滑油以及满足生活使用,故称其为辅锅炉。

普通商船一般设置一台饱和蒸汽压力为 0.5~1.0 MPa、蒸发量为 0.4~2.5 t/h 的辅锅炉。而油船则因为需要加热货油、驱动货油泵、清洗油舱等,需要大量蒸汽,故一般应设置两台辅锅炉。在大型客船上,因旅客人数较多,一般也设置两台辅锅炉,万一有一台损坏也不至于影响旅客和船员的日常生活。

船舶在航行过程中,主机的排气量很大,温度也很高。大型低速二冲程船舶柴油机的排气温度一般在 300 ℃以上,四冲程中速柴油机的排气温度可达 400 ℃左右。而水蒸气在压力为 0.5 MPa 时,其饱和蒸汽温度为 165 ℃;压力为 1.3 MPa 时,饱和蒸汽的温度也仅为 194 ℃。所以,可以利用船舶主柴油机的排气余热来产生蒸汽。在船舶主柴油机的排气管上,一般都装设有废气锅炉。废气锅炉不但可以节约燃油,还可以降低柴油机排气噪声,起到节能减排之功效。

锅炉的主要性能指标有:蒸发量、饱和蒸汽压力、效率、受热面积、蒸发率、炉膛容积热负荷等。

某轮在机舱顶部装有燃油锅炉和废气锅炉各一台。停泊时,由燃油锅炉提供蒸汽;航行时,主要由废气锅炉提供蒸汽,必要时燃油锅炉也可同时使用。

第一节　燃油锅炉

一、燃油锅炉的结构

燃油锅炉利用燃油燃烧时发出的热量来产生蒸汽。燃油锅炉本体一般包括炉膛、蒸发受热面、水腔和蒸汽空间等。锅炉本体上还应有一系列的附件,如水位计、安全阀、主蒸汽阀、炉水取样阀、上/下排污阀等。

传统的燃油锅炉主要有两种类型,即烟管锅炉和水管锅炉。若燃油燃烧产生的烟气在受热面管内流动,管外是水,则该锅炉为烟管锅炉。若锅炉受热面管内流动的是水或汽水混合物,而烟气在管外流动,则该锅炉为水管锅炉。近些年,一种新型的针形管锅炉在船上取得了广泛应用,某轮燃油辅锅炉便是这种类型。

某轮针形管式燃油锅炉为德国生产的 SAACKE KLN/VM-2. 5/7 型,其结构如图 5-1 所示。该锅炉的圆筒形锅壳(汽水空间)10 中大部为水腔 B,上部是蒸汽空间 A,下部设有圆筒形的炉膛 3。炉膛底板 11 焊接在炉膛本体上,上面覆盖有耐火层 12。

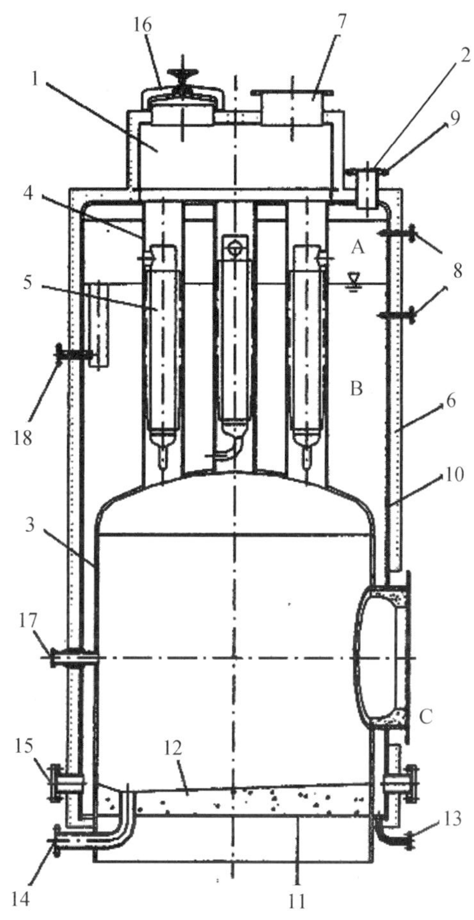

图 5-1 某轮燃油锅炉的本体结构

1—烟箱;2—主蒸汽阀接口;3—炉膛;4—烟管;5—针形管;6—隔热层;7—烟囱;8—水位计接口;9—安全阀接口;10—锅壳;11—炉膛底板;12—耐火层;13—下排污口;14—炉膛冲洗水泄放口;15—泥渣孔;16—人孔;17—火焰观察镜; 18—锅炉给水接口;A—蒸汽空间;B—水空间;C—燃烧器接口

在炉膛顶部和汽水空间内有一系列的垂直烟管 4,内有针形管 5,每一个烟管及其内部的针形管构成一个单元。流经各烟管的烟气最终汇聚到烟箱 1,然后经顶部的烟囱 7 排至大气中。

为减少锅炉的散热损失和降低周围的环境温度,并防止人员烫伤,锅炉的外部覆盖有隔热层 6,最外面还由铁片罩起来。

锅壳的外面有若干接口,用于连接锅炉附件,如主蒸汽阀接口 2、安全阀接口 9、水位计接口 8 和锅炉给水接口 18 等。锅炉的底部还有下排污口 13 和炉膛烟灰冲洗水泄放口 14。

在水侧,炉膛和换热管壁面的水被加热产生气泡,含气泡的水密度较低,迅速上升,在蒸汽空间实现汽、水分离,其余的水从下方流过来补充,形成自然水循环。

锅炉本体上还设置有一些部件,用于进行内部检查和水腔的清洁。水腔的下部有泥渣孔15,可以由此定期清除锅炉水腔内沉积的泥渣。人孔16用于对烟箱进行检查和清洁。还有火焰观察镜17,可以随时观察炉膛内的燃烧状况。

图5-2所示为针形管单元的剖视图。针形管本体为无缝钢管,外壁上焊有许多细长的钢针,以提高烟气与炉水之间的传热效果。针形管上、下两端分别通汽、水空间,这种结构保证了炉水能够从针形管下部的水空间流入上部的汽空间,形成良好的自然循环。

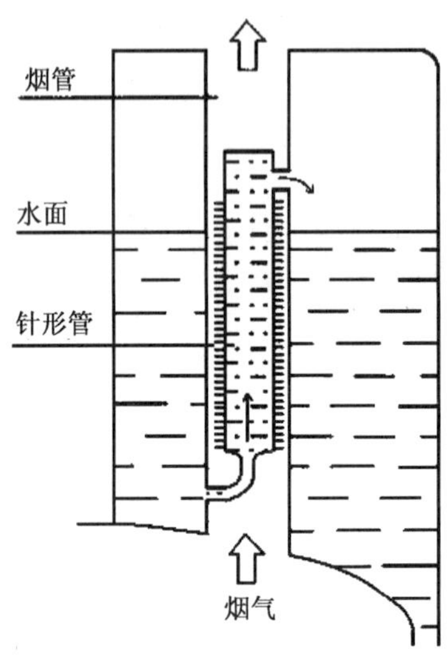

图5-2　针形管单元结构图

针形管锅炉是在立式烟管锅炉的基础上发展起来的,保留有烟管锅炉的某些特点:以容积较大的锅壳存水;炉膛中产生的热量主要通过辐射的方式传递给周围的炉水。但由于引入了针形管,因而也具有水管锅炉的特点,水自然循环良好。一个针形管元件可以顶替很多根烟管,使锅炉的蒸发率明显提高,尺寸也显著减小。在该锅炉中,约有50%的热量来自于炉膛的辐射热,其余的热量来自于针形管的对流传热。

当然,这种针形管锅炉也有一些缺点,主要表现为清洁不便。由于烟管和针形管结构的复杂性,且体积较小,不论是烟侧还是水侧,要进行人工清洗都显得比较困难。

表5-1所示为某轮燃油锅炉的主要性能指标。

表5-1　某轮燃油锅炉主要性能指标

序号	性能指标	参数
1	锅炉数量	1台
2	针形管数量	6根
3	锅炉负荷	100%
4	蒸发量	2 500 kg/h
5	工作压力	0.7 MPa
6	蒸汽温度	170.4 ℃

（续表）

序号	性能指标	参数
7	设计压力	0.9 MPa
8	燃料	船用燃料油(HFO)
9	燃油消耗率	184 kg/h
10	点火燃料	船用柴油(MDO)
11	100%负荷时的效率	83.4%
12	水腔容积(正常液位)	2.6 m^3

二、燃油锅炉的附件

与大多数船舶辅锅炉一样，某轮燃油锅炉的主要附件包括如下几种：

1. 安全阀

在锅炉顶部的汽腔上设有两个安全阀，可在炉内蒸汽压力超过设定压力(0.9 MPa)时自动开启，将多余蒸汽泄放至大气中。此外，安全阀顶部还设置手动强开机构，必要时可强开安全阀。

2. 主蒸汽阀

该阀为截止止回阀，是锅炉向外界提供蒸汽的唯一通道。由于该阀处于常开状态，亦常称作停汽阀。

3. 给水阀

为保证充分的可靠性，给水阀设有两组，用于向锅炉水腔补充因蒸发而损失的炉水。每一组给水阀包括一个截止阀和一个止回阀，可防止炉水倒流入给水系统。

4. 水位计

锅炉本体上装有两个玻璃水位计，分布于左右两侧，用于显示锅炉的实际水位。水位计有上、下两个截止阀，分别通汽腔和水腔，其泄放管路上还有一个冲洗阀。

5. 上排污阀

上排污阀又称浮渣阀，为截止止回阀，用于泄放炉水表面的浮渣。

6. 下排污阀

下排污阀有两组，分别位于锅炉的两侧，用于泄放沉积在炉水底部的杂质和泥渣等。每一组下排污阀包括一个截止止回阀和一个速闭阀。

7. 放汽阀

放汽阀位于锅炉的顶部，为截止阀，常闭，只有在锅炉初次起动前需要灌水或停炉后需要泄水时才打开放气。

8. 取样阀

用于炉水取样化验。

此外，锅炉本体上还设有两个服务于废气锅炉的炉水进、出口阀。

第二节　废气锅炉

一、废气锅炉的结构

目前，船上常用的废气锅炉主要有两种类型，分别为立式烟管废气锅炉和强制循环水管废气锅炉。某轮采用的是 SAACKE KIP/PC-0. 7/7 型强制循环水管废气锅炉，图 5-3 所示为该废气锅炉的结构简图。

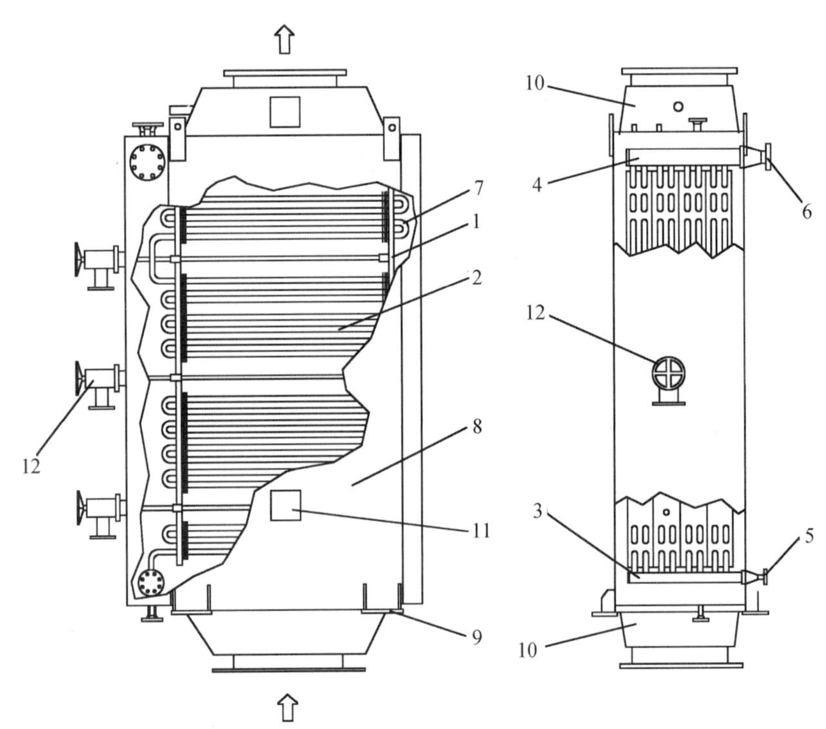

图 5-3　某轮废气锅炉结构图

1—本体；2—翅片管；3—进口联箱；4—出口联箱；5—进口接头；6—出口接头；7—弯管；8—外罩；9—钢架；10—废气烟箱；11—道门；12—蒸汽吹灰器

在废气锅炉本体 1 内，布置有多组垂直并列的翅片管 2（水管外部焊接有翅片，以提高传热效果）。

各组翅片管的进、出口分别与水平布置的进口联箱 3 和出口联箱 4 相连。两个联箱均布置在废气锅炉本体内，只有进、出口接口 5 和 6 露在外面。

在有联箱的一侧，各水管都被焊接到废气锅炉本体上，而水管的另外一端是浮动的，以便各管有热胀冷缩的余地。各组翅片管紧贴在一起，构成了废气锅炉的主体。每上、下两层水管之间由弯管 7 相连。

废气锅炉本体上覆盖有隔热层，并包有铁皮外罩 8。整个废气锅炉坐落在钢架 9 上，而废气烟箱 10 则焊接于本体上、下两端的法兰上。本体的侧面分布有上、中、下三个检修道门 11，而正面则分布有三个蒸汽吹灰器 12，各检修道门与吹灰器位于同一高度，以方便检修和清洁。

在工作过程中，柴油机排气在翅片管的外侧流过，而水则由专门的循环水泵从燃油锅炉水腔吸入，压送到废气锅炉进口联箱，再进入各翅片管内部被加热，然后以汽水混合物的形式由出口联箱汇集，并送回燃油锅炉进行汽水分离。

由于主机通常运行在 85%的标定负荷下，下面列出某轮废气锅炉在 85%负荷下的主要性能指标，如表 5-2 所示。

表 5-2　某轮废气锅炉的主要性能指标

序号	性能指标	参数
1	锅炉数量	1 台
2	主机负荷	85%
3	蒸发量	700 kg/h
4	工作压力	0.7 MPa
5	设计压力	12 MPa
6	废气进口温度	249.2 ℃
7	废气出口温度	199.1 ℃
8	废气压降	8.4 kPa
9	循环水量	6 000 kg/h
10	水腔容积(正常液位)	0.3 m^3
11	蒸汽吹灰器数目	3 个

二、废气锅炉蒸发量的调节

废气锅炉的蒸发量取决于主机的排气量和排气温度，这是随主机功率而变的。尽管正常航行时主机的功率基本稳定，但船舶对蒸汽量的需求却是随着航区和季节而变的，因此，废气锅炉的蒸发量需要调节。废气锅炉蒸发量的调节方法主要有以下三种：

1. 烟气旁通法

废气锅炉普遍采用烟气旁通法来调节蒸发量。这需要在废气锅炉的烟气进、出口之间加设旁通烟道和相应的挡板，通过改变挡板的开度来改变废气锅炉的烟气流量，从而控制废气锅炉蒸发量。

2. 改变有效受热面积法

改变有效受热面积法即通过改变废气锅炉内的水量来控制蒸发量，在蒸发量较小时，需要大面积的受热面干烧，存在烧坏的危险。

3. 多余蒸汽泄放法

在某轮，主机所有的排气都进入废气锅炉，不存在旁通烟道，而废气锅炉的换热面也是固定的。在航行过程中,当废气锅炉的蒸发量超过全船的蒸汽需求时,蒸汽压力会过分升高,蒸汽管路上的多余蒸汽释放阀便会开启,向大气冷凝器泄放多余的蒸汽。

三、废气锅炉与燃油锅炉的联系

废气锅炉与燃油锅炉之间的联系方式主要有三种形式:

(1)二者相互独立,有各自的给水管路和蒸汽输出管路。

(2)废气锅炉与燃油锅炉合为一体,形成组合式锅炉,二者共用汽水空间。

(3)废气锅炉为燃油锅炉的一个附加受热面。

某轮采用的是第三种方式。锅炉给水泵将来自热水井的水送至燃油锅炉,炉水强制循环泵再将燃油锅炉中的水输送至废气锅炉使之加热蒸发,并将汽水混合物压回燃油锅炉汽腔,在汽腔内进行汽水分离,蒸汽最终由燃油锅炉的主蒸汽阀输出。

在航行中,若废气锅炉的蒸发量无法满足全船需求,蒸汽压力低于燃油锅炉的起动压力,则燃油锅炉可自动投入工作。

第三节　锅炉燃油设备及系统

锅炉的燃油设备及系统主要包括燃烧器及外围的燃油系统。目前,船用燃油锅炉的燃烧器大多采用整装式。

一、整装式燃烧器

1. 燃烧器的主要部件

某轮燃油锅炉采用的是 SKVJ M18 型整装式燃烧器,其外形如图 5-4 所示。其主要部件如下:

(1)喷油器。包括压力式点火油头座 11 和转杯式主喷油器 12。

图 5-5 所示为点火油头和电极的结构图。在点火时,点火电极 1 通电,两极之间尖端放电产生火花;同时,压力约 1.0 MPa 的柴油在点火油头 2 中央的细小喷孔的节流作用下以油雾的形式喷出,油雾在配风器 3 周围的空气助燃下被点火电极点燃;然后,点火油引燃主喷油器所喷出的燃油;之后点火油头停油,靠主喷油器持续燃烧提供热量。

图 5-6 所示为转杯式喷油器结构简图。电机 5 通过皮带 6 带动中央轴 2 高速旋转,同时驱动圆锥形的转杯 1 和雾化风机叶轮 3 旋转。压力约 2.5 MPa 的燃油被泵入转杯后,由于离心力的作用,在转杯内壁形成油膜并被甩入炉膛;叶轮 3 将雾化风(即一次风)从转杯外缘吹入,将甩出的油膜吹散成油雾。一次风量可由风门 7 调节,而提供燃烧所需氧气的二次风则由另外的风机单独供应。

由于转杯式喷油器没有细小的喷孔,故对杂质不太敏感,可燃用劣质燃油甚至污油,因而在船舶辅锅炉中取得了越来越广泛的应用。但其缺点也很明显,价格高,结构复杂。

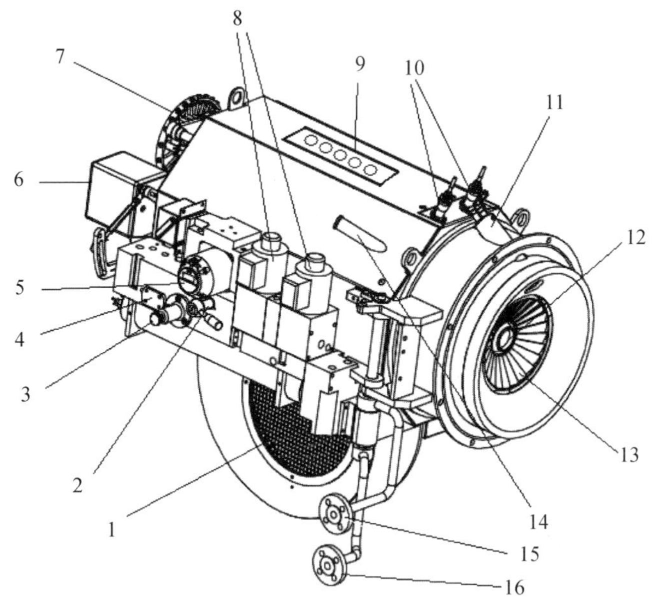

图 5-4　SKVJ M18 型整装式燃烧器

1—风机；2—速闭阀；3—调压阀；4—滤器；5—流量计；6—伺服电机；7—负荷凸轮；8—燃油电磁阀；9—手动操作按钮；10—火焰探测器；11—点火油头座；12—主喷油器；13—配风器；14—火焰观察镜；15—进油口；16—回油口

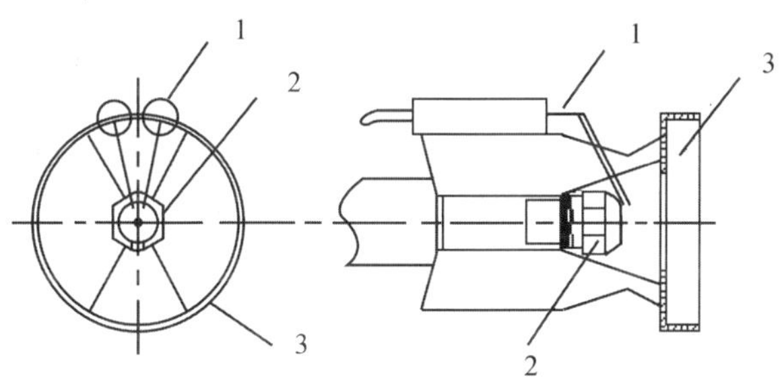

图 5-5　压力式点火油头及电极

1—点火电极；2—点火油头；3—配风器

(2)风机。风机用于提供燃烧所需空气，为离心式风机。

(3)配风器。配风器用于向主喷油器分配一次风（雾化风）和二次风（燃烧风），确保风量与油量相匹配。配风器应当能够提供风量、风向和风速适宜的一次风和二次风。

(4)火焰探测器和观察镜。火焰探测器用于对炉膛内的火焰进行自动探测，观察镜用于人工观察炉膛内的火焰。

(5)伺服电机。伺服电机用于驱动负荷凸轮。

(6)负荷凸轮。负荷凸轮用于控制并指示锅炉负荷，可同时对风门和油门进行调节，使二者时刻保持匹配。

2. 燃烧器的主要技术参数

某轮燃油锅炉整装式燃烧器的主要技术参数如表 5-3 所示。

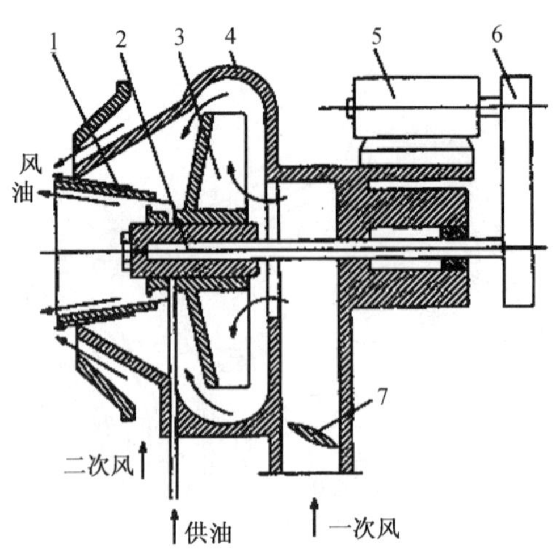

图 5-6　转杯式喷油器

1—转杯;2—中央轴;3—雾化风机叶轮;4—外壳;5—电机;6—传动皮带;7——次风门

表 5-3　某轮锅炉燃烧器的主要技术参数

序号	性能指标	参数
1	燃烧器型号	SKVJ M18(整装式)
2	总重量	340 kg
3	燃油类型/工作温度/压力	HFO(180~380 cSt),70~90 ℃,0.3~0.5 MPa MDO,10~60 ℃,0.15~0.3 MPa
4	燃油流量	40~185 kg/h
5	点火油类型/工作温度/压力	MDO,10~60 ℃,0.7~1.4 MPa
6	风机功率	7.5 kW(50 Hz)
7	转杯功率	1.5 kW(50 Hz)

3. 燃烧器的系统流程

图 5-7 所示为 SKVJ M18 型燃烧器的系统流程。

在锅炉停用时,主油路电磁阀 12、13 和点火油路电磁阀 29、30 均处于断电关闭状态,转杯 17 和点火油头 32 都不供油。

当接到点火指令后,风机 19 首先起动,向炉膛进行 1 min 的预扫风;同时,转杯电机 18 投入工作,带动转杯 17 空转。预扫风结束后,点火电极通电发火;同时,外部的点火油泵起动,电磁阀 29、30 通电打开,燃烧器联锁开关 33 通电关闭,柴油从进口 C 进入点火油头 32 并在喷入炉膛后被电极点燃。点火成功后,电磁阀 12、13 通电打开,油压监测器 14 通电关闭,从燃油泵而来的燃油经进口 A 进入转杯,形成油膜后被甩入炉膛;同时,雾化风经挡板 21 从转杯的外缘吹入,将油膜吹散成细小油粒。于是,从转杯喷入炉膛的燃油在点火油头的作用下被引燃。用于保证燃烧的大量空气经挡板 22 进入炉膛。当转杯喷出的燃油形成稳定的燃烧后,点火油路便可停止工作。之后,根据锅炉蒸汽压力的变化,伺服电机 6 会通过负荷凸轮 7 对锅炉的负荷进行调节。负荷凸轮同时驱动油量调节器 8、一次风挡板 21 和二次风挡板 22,使风/油比时刻保持匹配。

根据燃油规格的不同,其温度应当控制在 60~90 ℃的范围之内,这将由温控器 1 来实现;调压阀 2 用于控制供应至转杯的燃油压力;流量计 9 则可连续记录锅炉的燃油消耗量。

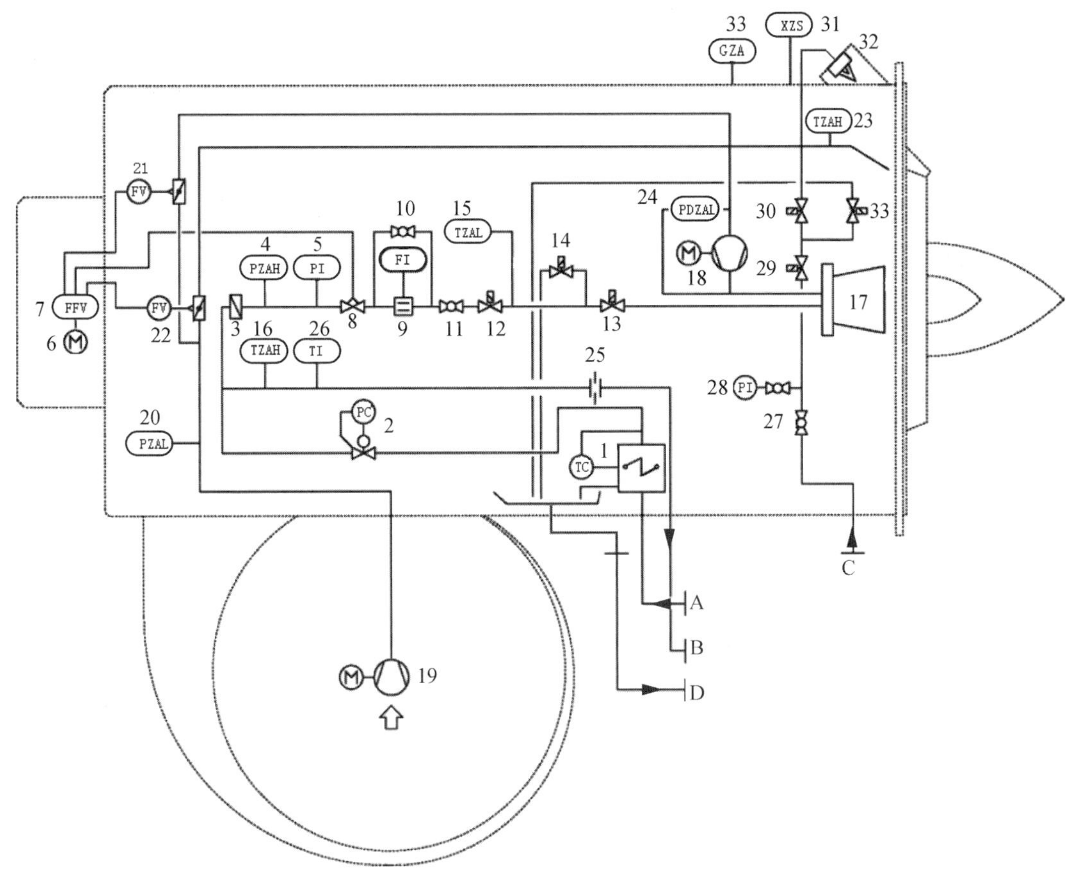

图 5-7 SKVJ M18 型整装式燃烧器系统图

1—温控器;2—调压阀;3—滤器;4—油压监测器(高);5—压力表;6—伺服电机;7—负荷凸轮;8—油量调节器;9—流量计;10—旁通阀;11—速闭阀;12,13,29,30—电磁阀;14—泄油电磁阀(常开);15—油温监测器(低);16—油温监测器(高);17—主喷油器(转杯);18—电机;19—风机;20—风压监测器(低);21——次风挡板;22—二次风挡板;23—风箱温度监测器(高);24——次风压差监测器(低);25—节流孔;26—温度表;27—截止阀;28—压力表;31—火焰探测器;32—点火油头及电极;33—燃烧器联锁开关;A—进油;B—回油;C—点火柴油进;D—泄放油出

该燃烧器设置有一系列的安全保护装置,可连续监测燃烧器的运行状态。包括:火焰探测器 31,一旦发现火焰强度不足,就会及时关闭燃烧器;风压监测器 20,当发现风机送风压力低于设定值时关闭燃烧器;一次风压差监测器 24,当发现一次风压差低于设定值时关闭燃烧器;燃烧器联锁开关 33,在燃烧器脱开锅炉本体时自动切断燃烧器供油。此外,还有自动点火程序保护功能,一旦发现点火失败,油路上的电磁阀会立即关闭。

当燃烧器的自动控制系统故障时,还可以转至手动模式,用位于燃烧器顶部的一系列按钮进行手动点火以及负荷调节操作。

二、燃油系统

锅炉燃油系统包括从日用柜至锅炉燃烧器的管系及相关设备。

某轮辅锅炉燃油系统如图 5-8 所示。燃油从重油日用柜 1 或柴油日用柜 2 被燃油泵组 3 吸入，然后经接口 A 送至主燃烧器。一般情况下，主油路燃用重油，只有在重油柜因无蒸汽加热而温度过低时才使用柴油。调压阀 5 用于调节 A 口处，即主燃烧器的供油压力。经调压阀旁通出来的燃油和经 B 口来的燃烧器回油一起返回重油日用柜，或回到燃油泵的吸口，这取决于三通阀 6 的位置。点火柴油由点火油泵 4 从柴油日用柜吸入，然后经接口 C 送至点火油头。

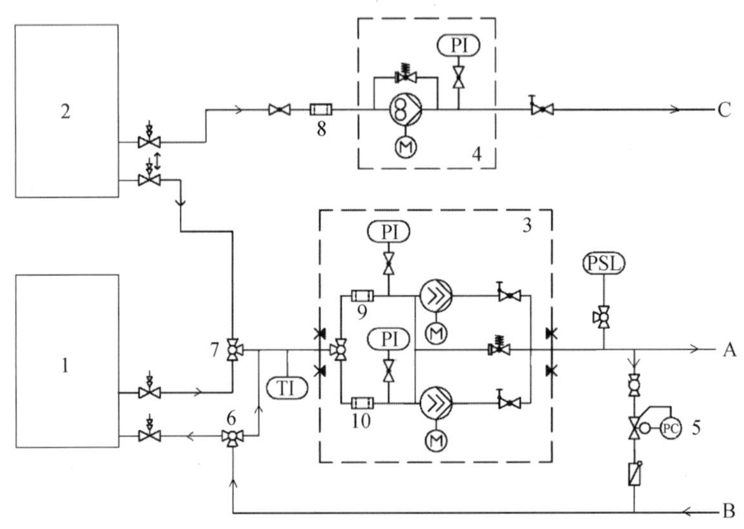

图 5-8　某轮辅锅炉燃油系统图

1—重油日用柜；2—柴油日用柜；3—燃油泵组；4—点火油泵；5—调压阀；6—回油三通阀；7—重/柴油转换阀；8，9，10—滤器；A—燃油至燃烧器；B—燃烧器回油；C—柴油至点火油头

第四节　锅炉的蒸汽和凝水系统

燃油锅炉的废气锅炉所产生的蒸汽，通过管道输送至各处，如供燃油、滑油的加热，以及供空调装置、热水柜、厨房等设备和处所。大部分蒸汽在放热后变成凝水，由凝水系统流回热水井，再由给水泵经给水系统送至锅炉水腔。由于少量的蒸汽被直接消耗，以及部分不可避免的泄漏，流回热水井的凝水要少于锅炉向外界提供的蒸汽量，再加上因锅炉排污而损失部分炉水，所以要经常向热水井补水。

下面以某轮的蒸汽、凝水、给水和排污系统为例，介绍船舶辅锅炉的汽、水系统。

一、蒸汽系统

蒸汽系统的任务是将锅炉产生的蒸汽按照不同的压力需求，送至各用汽设备。

如图 5-9 所示，燃油锅炉和废气锅炉所产生的蒸汽通过燃油锅炉顶部的主蒸汽阀输出，首先有一路蒸汽经阀 STV27 至蒸汽吹灰器对废气锅炉进行吹灰；大部分的蒸汽则汇集于 0.7 MPa 的蒸汽分配器。经此分配器，蒸汽分别供各油舱、油柜、分油机、主/副机燃油单元等加热使用。另有一部分蒸汽经减压阀减压至 0.4 MPa，并送至 0.4 MPa 蒸汽分配器，供各舱室加热、空调加热加湿以及厨房、热水柜等处加热使用。还有一路蒸汽经多余蒸汽释放阀(压力式)泄放至大气冷凝器，用于在废气锅炉供大于求时释放多余蒸汽。另有一路蒸汽经温控阀进入热水井，用于在冬季对热水井加温，保持 60~90 ℃的给水温度。蒸汽分配器底部有泄水管，用以在刚开始供汽暖管时放出凝结水，以避免在管道中产生水击。

锅炉蒸汽压力由压力开关 PS 来控制，压力开关设定有蒸汽压力的上、下限。某轮锅炉工作压力一般设定在 0.55~0.70 MPa，当蒸汽压力达到 0.70 MPa 时，主油路电磁阀(图 7 中 12、13)断电，燃油锅炉会自动断油停炉；而当蒸汽压力降至 0.55 MPa 时，燃油锅炉则会按照预设程序自动投入燃烧。

二、凝水系统

凝水系统的任务是回收各处的蒸汽凝水，并防止油分进入锅炉。

如图 5-9 所示，供各处加热油、水和空气的蒸汽，在加热器中放热后大部分都会变成凝水，并经各自的蒸汽疏水器流回凝水总管。疏水器仅允许凝水通过，而蒸汽将被阻挡下来。但疏水器毕竟无法完全阻止蒸汽漏过，因此，在凝水回到热水井之前，需要先经大气冷凝器的冷却，使蒸汽完全液化，并可适当降低凝水温度。大气冷凝器为管壳式换热器，采用海水冷却。

若加热油的蒸汽管路泄漏，可能会导致油分进入凝水系统，而油分进入锅炉则有可能导致局部过热。凝水首先进入热水井的凝水观察柜，在此可观察水中是否含油；同时，凝水观察柜内还设有油分探测器，在油分超标时会发出警报。

可通过专用的取样阀进行炉水取样。为避免人员烫伤，样水会首先经取样冷却器后方可流出。必须定期取样化验，以监控炉水质量，并决定炉水处理剂的投放量。某轮燃油锅炉炉水化验的主要指标包括盐分、碱度、导电性及联氨含量等。

三、给水系统

给水系统的任务是及时向锅炉提供品质符合要求的炉水，一般有两套完整的管系，以保证可靠补水。

图 5-10 所示为某轮辅锅炉给水和排污系统图。锅炉给水泵(20 级离心泵)从热水井吸水，经盐度监测仪的检测，在盐度合格后方可补入锅炉。给水泵的起、停由液位监测仪 LT 控制，使锅炉水位一直保持在设定的范围之内。热井补水泵(离心旋涡泵)从蒸馏水舱吸水，把由真空沸腾式造水机产生的蒸馏水补入热水井，以弥补锅炉汽、水系统中的损失。在自动状态下，热井补水泵的起、停分别由低、高液位开关 LS 来控制。热水井的功能包括收集蒸汽凝水、

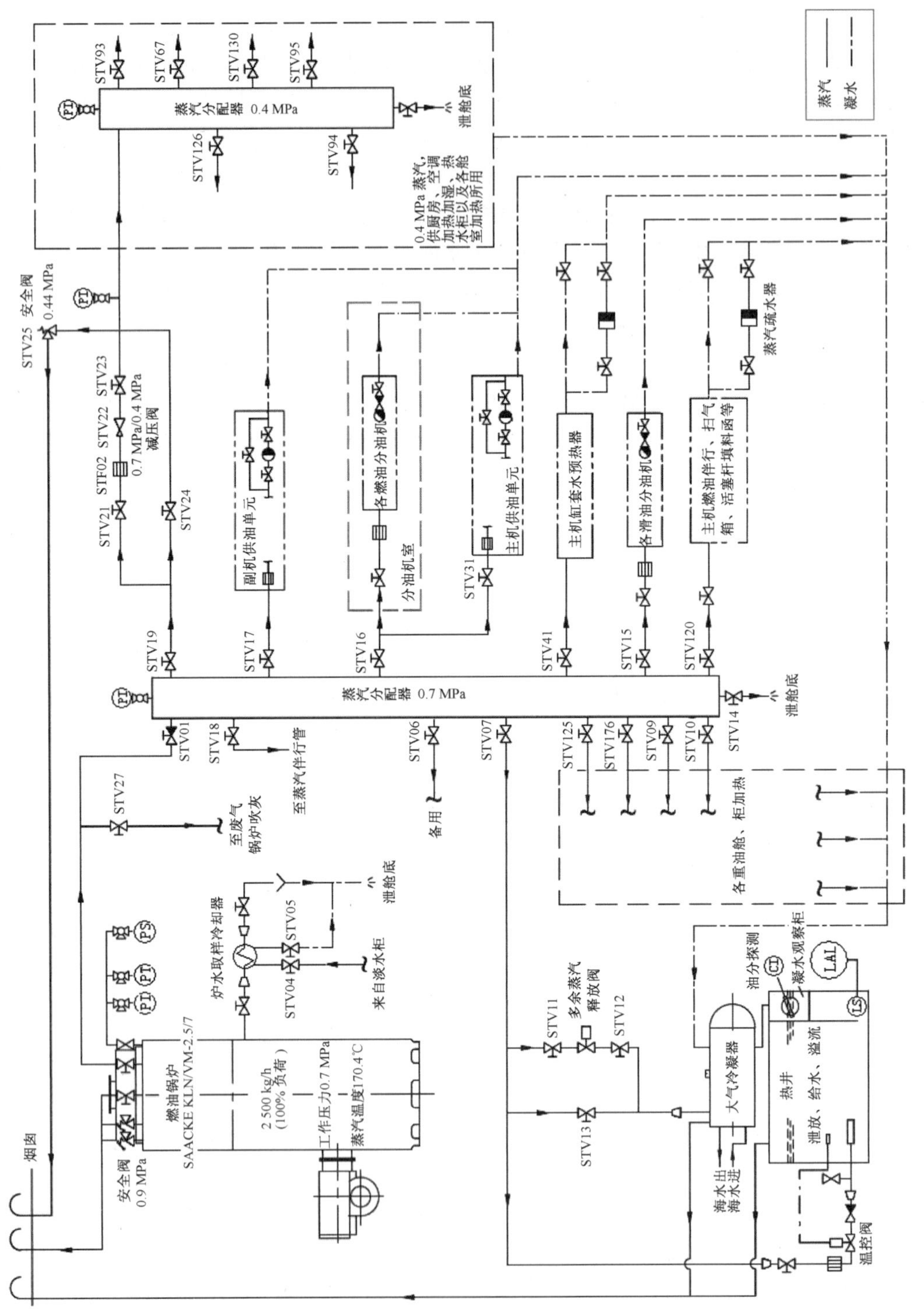

图 5-9 某轮辅锅炉蒸汽及凝水系统

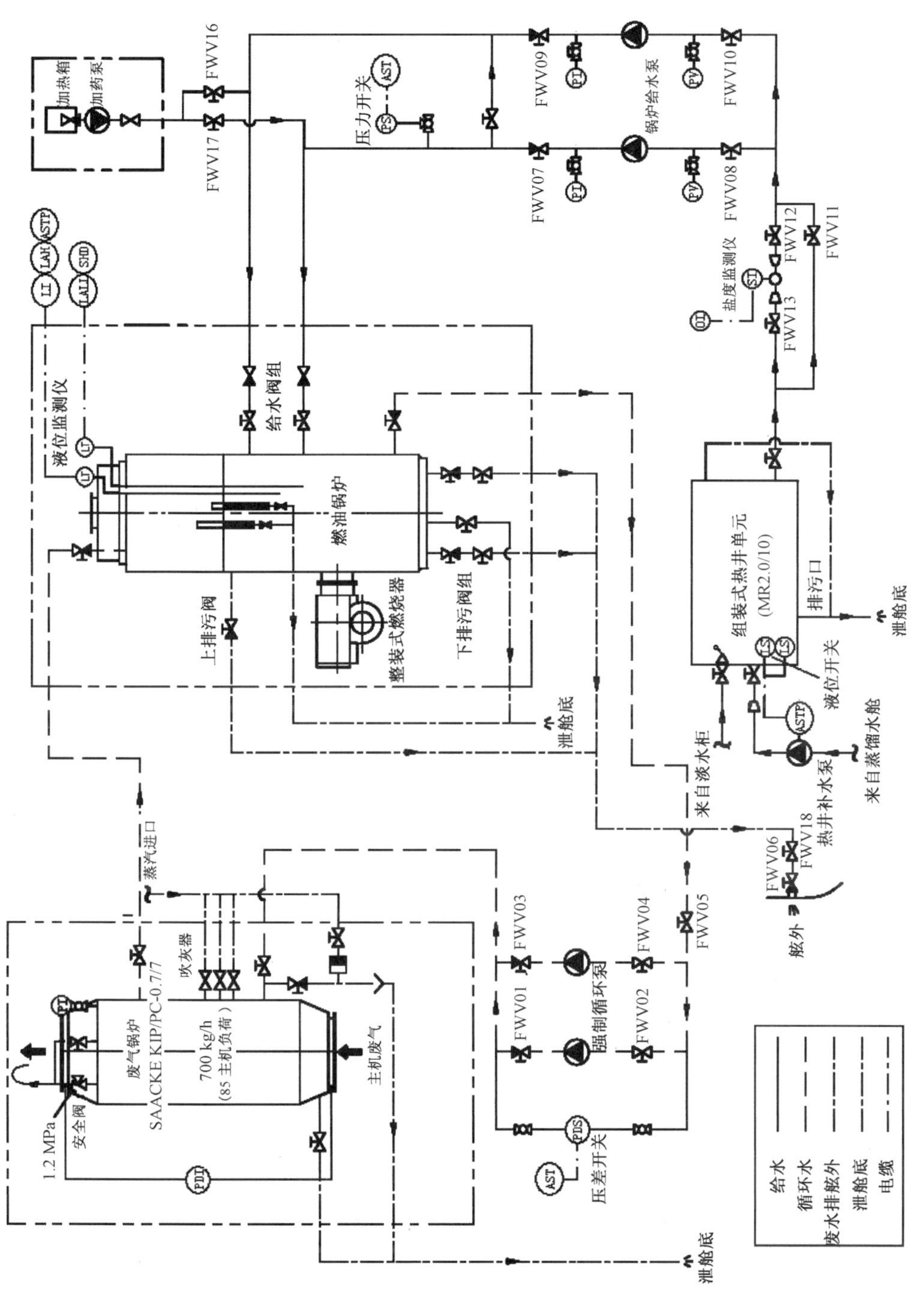

图 5-10　某轮辅锅炉给水和排污系统

探测油分、过滤杂质、加入补充水和投放炉水处理药剂等。

炉水处理剂一般存放在专用的加油箱内，由加药泵定量输出，可随着锅炉补给水均匀地加入锅炉水腔。在投药装置故障时，可直接将药剂投入热水井。

系统中还设有炉水强制循环泵（离心泵），用于把燃油锅炉中的水送入废气锅炉，在其中吸收主机排烟的热量后再流回燃油锅炉。

四、排污系统

锅炉在工作一段时间后，底部可能聚集泥渣，投药处理后也会产生部分沉淀，因此，锅炉底部设有下排污阀（包括一个截止止回阀和一个截止阀），以便定期把泥渣和沉淀排出。同时，炉水表面也可能漂浮一定量的油污、盐分泡沫等，需要通过上排污阀（截止止回阀）将其泄放。上、下排污经通海阀排至舷外。

燃油锅炉在长期运行后，其炉膛会变脏，导致传热效果下降，故需要定期进行水洗。而废气锅炉烟侧也会逐渐脏污，在运行过程中，可每天对废气锅炉烟侧进行蒸汽吹灰；当吹灰没有明显效果时，就需要进行水洗。上述清洗所产生的污水均经泄水管泄放至舱底。

燃油锅炉的水位计需要定期冲洗，以防卡死；热水井也需要定期地上、下排污，以保持其中炉水的清洁。水位计冲洗水和热水井排污水均经相关管路泄放至舱底。

第五节　锅炉的日常操作及管理

目前，船舶辅锅炉基本都可实现自动控制，只有在自动控制失灵或故障排查过程中才需要采用手动操作模式。下面介绍某轮辅锅炉日常操作步骤。

一、燃油锅炉的操作及管理

1. 在准备起动锅炉时应确认的事项

（1）电源是否已供到本地操作台；

（2）锅炉的水位是否在准许范围内；

（3）燃油系统是否备妥；

（4）燃油管线压力和通过滤器的压差是否在标准值范围内；

（5）给水泵和给水控制装置是否工作正常，给水管线是否有泄漏；

（6）控制空气系统是否有反常现象。

2. 手动操作步骤

（1）在控制箱上，将两主电源开关之一置于“ON”位置；

（2）将风机和转杯电机旋钮置于“MANU”位；

（3）无论手动或自动工况，两台油泵、两台给水泵、两台循环泵开关同时置于“AUTO”位，否则不能实现自动运行和自动切换的功能；

(4)锅炉运行模式选择开关放在“1”位(手动模式);

(5)手动点火时,必须充分扫风,风机起动后按“加负荷”按钮,开大风门扫风,预扫风时间约为 1 min;

(6)点火前,检查风门位置,负荷指示在 3 以下才能安全点火,如果太大则按“减负荷”按钮关小风门;

(7)点火时,先按燃烧器顶部“点火”按钮,观察到有点火火焰后再同时按下“油门”按钮,待火焰指示灯亮起,保持 5~10 s,再松开“点火”和“油阀”按钮,以后可通过“加负荷”或“减负荷”按钮调整负荷。

3. 自动操作

(1)将两主电源开关之一置于“ON”位置;

(2)将风机和转杯电机旋钮置“AUTO”位;

(3)将两台油泵、两台给水泵、两台循环泵开关同时置于“AUTO”位;

(4)锅炉运行模式选择开关放在“0”位(自动模式);

(5)在触摸屏上依次按下 Operation->Burner Start/Stop 起动锅炉;

(6)在自动模式下,锅炉将根据蒸汽压力的大小自动起停,无须人工干预;

(7)若有报警发出,在触摸屏上依次按下 Operation->Message Acknowledge 可复位本地报警,每按两次复位一个报警。

4. 运行期间应检查和确认的事项

(1)定期(每周)进行水质化验,确认各项指标均在标准值范围内,根据化验结果进行上、下排污和投放炉水处理药剂,并记录。

(2)燃油压力和温度是否在标准值范围内,燃油系统是否有不正常现象;定期(每月)清洗燃油滤器。

(3)锅炉给水是否正常,热水井回水状况是否良好;定期(每周)冲洗水位计。

(4)自动燃烧控制器运行是否正常,燃烧室进口油压和送风按负荷要求控制得是否得当。

(5)观察烟囱排烟情况和燃烧室燃烧情况,确认燃烧是否处于良好状态,燃烧良好的标志是火焰呈橘黄色。

(6)每天向炉膛投放除灰弹一枚,并定期(每一至三个月)对炉膛进行水洗。

二、废气锅炉的日常操作及管理

(1)停航期间,废气锅炉停用,保持炉水强制循环泵进、出口阀处于关闭状态;

(2)每次主机备车前半小时,打开炉水强制循环泵进、出口阀,起动一台循环泵,将其旋钮置于“MAN”,另一台泵置于“AUTO”;

(3)每次主机完车两小时后,停止炉水强制循环泵,关闭其进、出口阀;

(4)航行期间,每天用蒸汽吹灰器对废气锅炉吹灰两次;

(5)定期(每一至三个月)对废气锅炉烟侧进行水洗。

第六节　造水机

船舶每天都要消耗大量的淡水,主要用于四个方面:(1)设备冷却水,例如主机、辅机、空压机和冰机等系统的高低温冷却水;(2)锅炉补给水;(3)生活用水,例如饮食、洗涤等;(4)冲洗用水,例如冲洗甲板、设备等。船舶可在靠岸时或通过加水船加水储存在淡水舱。但储存的淡水数量可能不足以适应长航线要求,或者水质不能满足使用要求,所以远洋船上要设置造水机,将海水淡化来弥补上述不足。

船舶上使用较多的是采用真空沸腾式造水机提供锅炉补给水和其他用水需要。

一、真空沸腾式造水机

1. 工作原理

造水机最基本的工作原理,就是对海水加热使之沸腾汽化,海水所含盐分在该过程中不会进入蒸汽,对蒸汽冷凝后即得到淡水。海水的沸腾汽化和冷凝是在真空下完成的,主要是因为:

(1)真空下海水沸点低,所以可以利用主机缸套水加热海水使之沸腾,起到良好的节能效果;

(2)海水在低温下沸腾,可以抑制水垢尤其是硬质水垢的生成。

图 5-11 所示为 Alfa Laval JWP-26-C80 型造水机系统原理图。该造水机的设计技术条件如表 5-4 所示。

表 5-4　JWP-26-C80 型造水机设计技术条件

项目		
产水量/(m^3/24 h)	16	
缸套水温度/℃	进口 80	出口 67.8
缸套水流量/(m^3/h)	34	
缸套水耗热量/kW	481	
海水温度/℃	进口 32	出口 42.3
海水流量/(m^3/h)	36	
真空度/%	93	
海水沸点/℃	40	

备注:本章内容中,真空度=(大气压力-绝对压力)/大气压力×100%。

造水机本体壳体由两部分构成,图中左侧壳体带有各工作系统和附件接口,右侧弧形壳体为不锈钢材料,二者之间设有垫片,并用螺栓紧固在一起。本体内部最下方为盐水空间,盐水水位附近设有观察镜。盐水空间上方为蒸发器,蒸发器上方设有隔板,隔板上方为冷凝器。蒸发器和冷凝器均为钛合金板式换热器。隔板右侧和不锈钢壳体之间设置汽水分离器。工作时,造水机壳体内保持较高的真空度,供入蒸发器的海水受缸套水的加热而沸腾汽化。因沸腾过程进行得比较剧烈,所以水蒸气中会含有一定量的细小水滴。汽水混合物在流经汽水分离器时,细小水滴被分离出而滴落到造水机壳体底部。水蒸气则进入冷凝器,被海水所冷却、冷凝成为造水机的产物——淡水。

海水持续供给到蒸发器中，其中的水分沸腾汽化而产生淡水，盐分则残留在蒸发器中，如果不加处理，蒸发器中海水的含盐量将不断增加，最终导致造水机不能持续稳定工作。为了解决这一问题，向冷凝器中供给较大流量的海水，使一部分海水沸腾汽化最终成为淡水，另一部分（称为盐水）从蒸发器溢流而将盐分及时带走。造水机中，海水量/淡水量称为给水倍率。给水倍率较大可以减少淡水含盐量，减轻水垢的生成，但产水量会降低。给水倍率一般维持在3~4。

2. 工作系统

（1）海水系统

造水机海水泵提供的海水首先进入冷凝器冷却水蒸气，吸热升温后分为两路：一路经弹簧加载阀和节流孔板后进入蒸发器，沸腾汽化成为水蒸气或成为盐水；另一路供给到喷射泵作为其工作水，然后排至舷外。

（2）加热系统

三通温控阀 CFV19（设定温度 78 ℃）自动调节主机缸套水进入蒸发器，对海水放热降温后到达三通温控阀 CFV12（设定温度 80 ℃）。阀 CFV12 控制主机缸套水出口温度稳定在 80 ℃。

（3）抽真空和排盐水系统

喷射泵兼作真空泵和排盐水泵，所以设两个吸入口。排盐水吸入口将造水机壳体底部的盐水及时排走，防止盐水水位过高。抽真空吸入口通过冷凝器将造水机壳体内的空气排走。在抽真空管路上设置液流观察镜，造水机正常工作期间观察镜内应无液体流动。此外，喷射泵两个吸入口管路上均设置止回阀，以防止喷射泵故障无法产生真空时海水倒灌进入造水机壳体。

造水机起动期间，真空度是靠喷射泵抽除壳体内的空气建立的。在工作期间，真空度是靠冷凝器和真空泵共同维持的。冷凝器起主要作用，负责及时地将水蒸气冷凝为淡水，保持内部绝对压力不升高，即真空度稳定；喷射泵负责将海水中溢出的空气以及经壳体等处漏入的空气抽除。

（4）淡水系统

虽然汽水分离器将水蒸气中的大部分小水滴分离，但仍然会有一定量的含有盐分的水滴进入冷凝器，所以造水机所产淡水中仍后含有盐分，盐分过高则不能使用。淡水含盐量的要求一般以锅炉补给水标准为依据，我国规定为小于 10 mg/L（NaCl）。冷凝器内产生的淡水由淡水泵排出。淡水泵出口设置盐度电极检测淡水含盐量，该信号送至盐度计。如果淡水含盐量超标，盐度计就会报警，同时输出信号控制回流电磁阀开启，淡水返回蒸发器重新沸腾汽化；如果含盐量符合要求（本造水机含盐量可低于 10 ppm），则回流电磁阀关闭，淡水流经流量计后顶开弹簧加载阀，此时打开截止阀即可将淡水送至蒸馏水舱。流量计用于计量累积淡水体积（m^3）。流量计之后的管路上还设置有压力表和取样阀。

（5）海水投药系统

为了减轻蒸发器加热表面结垢，延长造水机解体清洗周期，设置有海水投药系统。化学药品有两个作用：①使海水中的难溶物质不形成水垢，而形成易于被喷射泵排走的细小松散晶体；②消泡剂成分能消散小气泡，防止海水沸腾过于剧烈，减少淡水含盐量。加药桶内储存着AMEROYAL 溶液，通过流量指示计上的调节阀控制溶液流量。

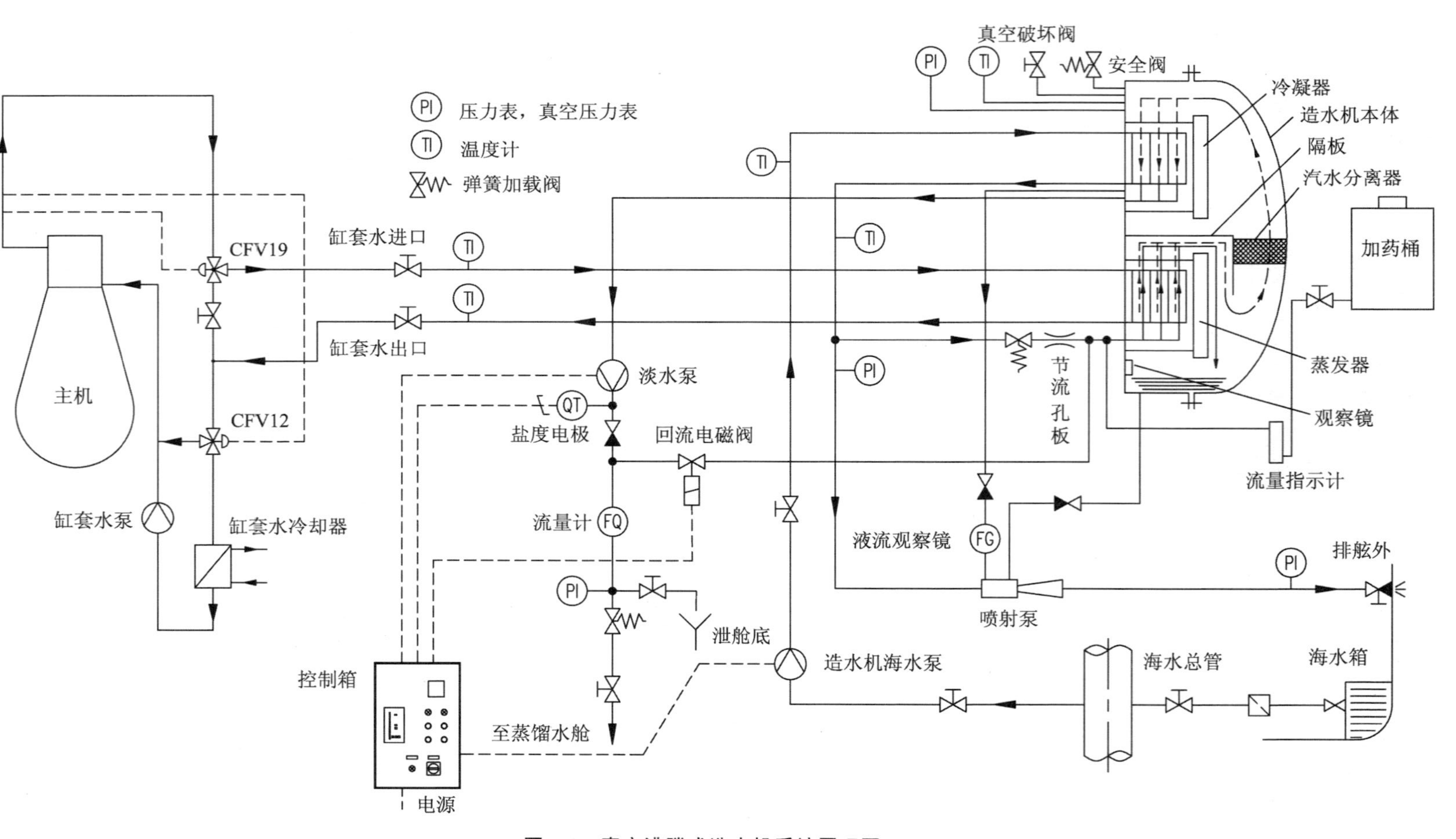

图 5-11 真空沸腾式造水机系统原理图

二、造水机的操作规程

1. 起动

要使造水机工作,要满足两个基本条件:①船舶定速航行;②船舶离岸 20 n mile 以上,且不在受污染水域以保证海水的清洁。具体起动步骤如下:

(1)将集控室控制台“制淡系统温控器”的设定温度调为 78 ℃。

(2)打开造水机海水泵的吸入、排出阀。

(3)打开喷射泵的通舷外阀。

(4)关闭造水机上的真空破坏阀。

(5)起动海水供给泵抽真空到至少 90%(最多需要 10 min)。

(6)打开主机缸套冷却水至造水机的进出口阀。

(7)通过旁通阀调节进蒸发器的热水量。

(8)打开进蒸馏水舱截止阀。

(9)打开盐度计。

(10)起动淡水泵。打开投药桶出口阀并通过流量指示计调节流量。

2. 停止

蒸馏水舱已满或备车航行前,应停止造水工作,具体起动步骤如下:

(1)将集控室控制台“制淡系统温控器”的设定温度调为 82 ℃。

(2)停止进蒸发器的主机缸套水,关闭进出口阀。

(3)停止淡水泵。

(4)关闭盐度计。

(5)停止造水机海水泵,关闭进出口阀。

(6)打开真空破坏阀。

(7)关闭喷射泵通舷外阀。

(8)关闭进蒸馏水舱截止阀。

本章思考题

1. 船舶辅助锅炉有哪些主要附件?
2. 废气锅炉蒸发量的调节有哪几种方法?
3. 锅炉燃烧器包括哪些部件? 各起什么作用?
4. 船舶锅炉的排污系统有何作用?
5. 锅炉起动前应做好哪些准备工作?
6. 真空沸腾式造水机主要有哪几个工作系统?
7. 造水机起动时应注意哪些问题?

附录　渔船辅机考试大纲

相关说明：

（一）表中“一级”、“二级”、“三级”分别对应主机总功率在“750 千瓦以上”、“250～750 千瓦”、“50～250 千瓦”的渔业船舶；

（二）表中“○”对应“了解”层次，“◎”对应“熟悉”层次，“●”对应“掌握”层次。

考核知识点	适用对象					
	一级轮机长	二级轮机长	三级轮机长	一级管轮	二级管轮	助理管轮
一、船用泵						
1. 泵的用途、分类及性能参数			●		●	●
2. 往复泵、齿轮泵、离心泵						
（1）性能特点			◎		◎	◎
（2）结构			●		●	●
（3）日常管理			●		●	●
（4）常见故障及排除方法			●		●	●
3. 螺杆泵						
（1）螺杆泵的结构			◎		◎	◎
（2）螺杆泵的性能特点			○		○	○
（3）螺杆泵的使用管理			◎		◎	◎
4. 旋涡泵、喷射泵						
（1）结构				◎	◎	◎
（2）特点及管理				◎	◎	◎
二、活塞式空气压缩机						
1. 活塞式空气压缩机的结构和自动控制						
（1）典型结构和主要部件（气阀、安全阀、气液分离器）		●	●	●	●	●
（2）活塞式空气压缩机的润滑和冷却		●	●	●	●	●
（3）活塞式空气压缩机自动控制		●	◎	●	●	◎

(续表)

考核知识点	适用对象					
	一级轮机长	二级轮机长	三级轮机长	一级管轮	二级管轮	助理管轮
2. 活塞式空气压缩机的管理						
(1)活塞式空气压缩机的维护与运行管理		●	●	●	●	●
(2)活塞式空气压缩机的常见故障与排除方法		●	●	●	●	●
三、渔船制冷装置						
1. 蒸气压缩式制冷循环的基本原理和组成	●	●		◎	◎	○
2. 常用制冷剂、载冷剂和冷冻机油	●	●		◎	◎	○
3. 蒸气压缩式制冷装置的设备						
(1)制冷压缩机及制冷装置的主要辅助设备	●	●		●	●	○
(2)自动控制元件	●	●		◎	◎	○
4. 蒸气压缩式制冷装置的管理						
(1)制冷装置的气密试验、抽空	●	●		●	●	◎
(2)制冷剂的充入和移除	●	●		●	●	◎
(3)制冷装置的检漏	●	●		●	●	◎
(4)冷冻机油添加与更换	●	●		●	●	◎
(5)不凝气体的危害及其检查与排除方法	●	●		●	●	◎
(6)蒸发器融霜	●	●		●	●	◎
(7)干燥过滤器的更换	●	●		●	●	◎
(8)制冷装置的起动、运行管理与停用	●	●		●	●	●
(9)装置常见故障和排除方法	●	●		●	●	○
四、液压传动的基础知识						
1. 液压元件						
(1)液压控制阀的功用和图形符号	●	●	◎	◎	◎	○
(2)液压泵						
① 液压泵图形符号和工作原理	●	●	◎	◎	◎	○
② 单、双作用叶片泵的结构和特点	●	●	◎	◎	◎	○
③ 柱塞泵的结构和特点	●	●	◎	◎	◎	○
④ 液压泵的使用管理	●	●	●	●	●	◎
(3)液压马达						
① 液压马达的性能参数:转速、扭矩和输出功率	●	●	◎	◎	◎	○

（续表）

考核知识点	适用对象					
	一级轮机长	二级轮机长	三级轮机长	一级管轮	二级管轮	助理管轮
② 液压马达的功用和图形符号	●	●	◎	◎	◎	○
③ 常用液压马达的结构和特点（叶片式、连杆式、内曲线式马达）	●	●	◎	◎	◎	○
④ 液压马达的使用管理	●	●	●	●	●	◎
（4）液压辅件						
① 滤油器的性能参数、主要类型、选择及使用管理	●	●	◎	◎	◎	○
② 油箱的功能和应满足的要求	●	●	◎	◎	◎	○
③ 蓄能器的功能和使用管理	●	●	●	●	●	◎
2. 液压油	●	●	◎	◎	◎	○
五、舵机						
1. 基础知识						
（1）对舵机的基本要求	●	●	●	◎	◎	◎
（2）舵机的种类及组成	◎	◎	◎	◎	◎	◎
（3）舵的类型	◎	◎	◎	○	○	○
（4）舵的作用原理	◎	◎	◎	○	○	○
2. 液压舵机的转舵机构	●	●	●	◎	◎	○
3. 液压舵机的工作原理和基本组成	●	●	●	◎	◎	○
4. 液压舵机的维护与管理	●	●	●	◎	◎	○
六、锚机						
1. 锚机应满足的要求	●	●	●	◎	◎	○
2. 锚机的种类、组成及工作原理	●	●	●	◎	◎	○
3. 锚机的维护与管理	●	●	●	◎	◎	○

参考文献

[1]阎永阁,梁继昌,费千. 船舶辅机:上册. 北京:人民交通出版社,1980.
[2]阎永阁,金以铨,梁继昌,等. 船舶辅机:下册. 北京:人民交通出版社,1983.
[3]费千. 船舶辅机. 大连:大连海运学院出版社,1990.
[4]费千. 船舶辅机. 第二版. 大连:大连海事大学出版社,2007.
[5]费千. 船舶辅机. 第三版. 大连:大连海事大学出版社,2008.
[6]陆敏恂. 流体力学与液压传动. 上海:同济大学出版社,2006.
[7]许贤良. 液压传动. 北京:国防工业出版社,2006.
[8]刘延俊. 液压系统使用与维修. 北京:化学工业出版社,2006.
[9]张利平. 液压传动与控制. 西安:西安工业大学出版社,2005.
[10]李壮云. 液压元件与系统. 北京:机械工业出版社,2005.
[11]何川. 泵与风机. 北京:中国电力出版社,2008.
[12]王寒栋. 泵与风机. 北京:机械工业出版社出版,2009.
[13]张卫. 气体压缩机运行与维护. 北京:机械工业出版社,2011.
[14]舒水明. 制冷与低温工程实验技术. 武汉:华中科技大学出版社, 2009.
[15]吴业正. 制冷与低温技术原理. 北京:高等教育出版社,2004.
[16]甘智华. 制冷与低温测试技术. 杭州:浙江大学出版社,2011.
[17]彦启森. 制冷技术及其应用. 北京:中国建筑工业出版社,2006.
[18]付小平. 空调技术. 北京:机械工业出版社, 2016.
[19]丁崇功. 工业锅炉设备. 北京:机械工业出版社,2009.
[20]辛广路. 工业锅炉运行与节能减排操作实务. 北京:机械工业出版社,2014.
[21]于临秸. 锅炉运行. 北京:中国电力出版社,2013.
[22]王振波. 工业锅炉技术. 北京:中国石化出版社,2010.
[23]李之光. 工业锅炉现代设计与开发. 北京:中国标准出版社,2011.
[24]高从堦. 海水淡化技术与工程. 北京:化学工业出版社,2009.